怪诞经济学

揭开日常生活背后奇妙而怪诞的经济学真相

菲尔普 编著

中国友谊出版公司

图书在版编目（CIP）数据

怪诞经济学 / 菲尔普编著. — 北京 : 中国友谊出版公司, 2017.3

ISBN 978-7-5057-3983-3

Ⅰ. ①怪… Ⅱ. ①菲… Ⅲ. ①经济学—通俗读物 Ⅳ. ①F0-49

中国版本图书馆CIP数据核字（2017）第030080号

书名 **怪诞经济学**
作者 菲尔普　编著
出版 中国友谊出版公司
发行 中国友谊出版公司
经销 新华书店
印刷 河北鹏润印刷有限公司
规格 787×1092毫米　16开
19.25印张　280千字
版次 2017年4月第1版
印次 2017年4月第1次印刷
书号 ISBN 978-7-5057-3983-3
定价 39.80元
地址 北京市朝阳区西坝河南里17号楼
邮编 100028
电话 （010）64668676

如发现图书质量问题，可联系调换。质量投诉电话：010-82069336

目录

CHAPTER 5 第五章

收入的法则：为什么你总是做得太多，而得到太少？

CHAPTER 6 第六章

名人的代价：为什么名人如此有意思？

CHAPTER 7 第七章

选择的迷宫：为什么我们做出的决定自己都意想不到？

CHAPTER 8 第八章

信息的效应：知道得越多，成功概率越大？

第一章 Chapter 1 生活的真相：

为什么我们这样工作，那样生活？

酒后驾车危险？酒后步行更危险！

据有关部门统计，近年来，酒后驾车的事故频繁发生，比清醒状态下驾车发生交通事故的概率高出整整13倍，为此国家采取了多种措施来减少甚至杜绝酒驾行为的发生。关于酒驾的危害，每个人都非常清楚，轻则撞到公共设施，赔钱了事，重则撞到其他人，一瞬间就有几条生命消逝，几个家庭短时间内家破人亡。

尽管如此，还是有很多人酒后驾车。调查显示，所有致人伤亡的车祸事件中，有30%的肇事者是酗酒的司机。尤其在深夜时分，更是酒驾车祸事故发生的高峰期，事故发生率高达近60%。美国的一项调查显示，每行驶140英里就有1英里的路程是醉酒司机驾驶完成的，也就是说醉酒司机每年驾车行驶的路程约为210 亿英里。

为什么有如此多的人在酒醉后还要自己开车呢？这大概是因为酒后驾车被交警查到的概率极小，据统计：每位酒驾司机每行驶大约40000千米才会被逮到一次。但是幸运之神不可能每次都光顾你，侥幸心理只会让你放松警惕，一旦碰到了那1/40000的概率，这就意味着，你的一生都将发生改变，甚至可能就到此结束了。

看到上面这些论述，你是否已经在心底暗暗做出决定，以后再也不酒驾了？喝醉之后宁愿步行回家？朋友们，我要告诉你们的是，酒后步行也不安全，有时候它甚至比酒驾更危险！

这个结论是美国经济学家从各种数据中统计得出的。这其实并不难理解，我们先来看一个例子：有两名男子，约朋友相聚后，喝得酩酊大醉。酒醉后，二人结伴步行回家。行至某正在修路的路口时，没有注意到该设施还没完工，有两处都开着大口，下面是一个大坑，而且在两处坑口边仅有用砖块砌起的约20厘米高的防护。两处深坑都在马路旁的便道上，大约深有2米，坑底的四面和底部都是硬化的水泥。其中一人脚步踉跄，神志模糊，一不小心掉进了坑里，导致右胳膊脱臼，被困坑下。同伴也醉醺醺的，只能报警求助。接到报警后，公安民警和消防官兵先后赶到现场，下入坑内将其救出。

据伤者介绍，事发前几个朋友在一起喝了些酒，但是感觉自己很清醒，之后步行到了事发地点，没想到这种酒后劲特别大，他感觉有些醉意。当自己走到深坑旁时，压根没看见那么矮的防护栏，在跌倒的时候，控制不了身体，不慎坠入坑中，无法脱身。

一般情况下，有人走到这两处大坑时，应该不会发生危险，但就是因为伤者喝多了，行为不受控制，才造成了意外。

我们再来假设另外一个场景：你在家里举行了一个聚会，所有的亲朋好友都来参加，他们的兴致极高，一不小心就喝大了。散场的时候，一个朋友跟你说，酒后驾车是件很危险的事情，正好我家离得也不远，我步行回家好了。你是不是觉得朋友这个决策非常明智？但有可能恰恰相反，如果你的朋友选择步行回家，因为喝醉了酒，很有可能脑子迷糊，找不到家，尤其天气不好的时候，风雨交加，再加上刚喝过酒，很有可能冻出毛病。所以说，如果你的朋友喝多了，一定不要让他步行回家，当然，最好的办法就是你亲自把他送回家，如果不行的话，就给他叫一辆出租车。

从概率的角度来看，把酒后驾车和酒后步行的致死率做一个比较，不难发现酒后步行的致死率更高。美国经济学家给我们列出了一组数据，发生在城市里的所有酒驾交通事故中，大约有10%的事故比率是与人相撞，也就是说在100个喝醉了酒的肇事者中，就有大约10个人对其他人造成程度不同的伤害。美国芝加哥大学的史蒂芬·列维特教授和《纽约时报》记者史蒂芬·都伯纳指出，如果按照步行英里数来计算的话，酒后步行的死亡率是酒后驾车的8倍！酒后步行的危险系数可见一斑。

为了自己和家人的安全，不要酒后驾车，这是众所周知的道理。同样，为了预防势头凶猛的甲流疫情，应该去打一针预防甲流的疫苗，这也是人尽皆知的常识。但是经济学家提出了另一个观点：甲流疫苗尽量不要打，因为不注射甲流疫苗较之注射更为安全。下面不妨让我们听一听经济学家们怎么说。

根据我国官方发布的数据，2009年全年因感染甲流而死亡的病例仅为一百八十几例，然而在完成接种的两千六百多万人群中，已经有四名接种者死亡。从这两个数据中，我们可以看出，中国人因甲流疫情死亡的概率极小，微乎其微，而接种后出现不良反应而死亡的概率相比之下就大了许多。

经济学家认为，尽管世界卫生组织声称“在一万个接种疫苗的人当中，只会有一人出现排斥反应”，并一再做出保证，以证实甲流疫苗的安全性，但因接种疫苗而死亡的概率仍旧远远高于得甲流而死亡的概率，民众实在担心万一自己“运气”大爆发，成了那“万里挑一”的不幸者。更何况即使接种了疫苗，也并不能确保百分之百的安全，说不定一不小心就“搭上了性命”，所以倒不如不打疫苗更稳妥一些。

骑白马的不一定是王子，也有可能是唐僧

有一个节目的主持人说：“你以为‘海归’很神气？其实都是在国外混不下去回来的。”当然，这只是句玩笑话，不能以偏概全，一棍子打死一帮人。但也确实反映出一个问题，那就是“长翅膀的不一定是天使，也可能是鸟人；骑白马的不一定是王子，也可能是唐僧”。

曾几何时，“海归”在大众眼中就是精英、人才的代名词，但凡能够被称作“海归”的，一定是前途无量，青云直上。但是在这个真假错乱、难辨真伪、经济快速发展的社会里，有些所谓的“海归”，不过是有钱出国混个文凭，自以为镀了层金的“海带”。

很多看起来美好的事物，事实上和你想象的差距很远，在经济学上，这种现象叫作虚假繁荣。

虚假繁荣原本的意思是指在进入资本主义工业阶段后，生产力高涨，市场被不断扩大，存货持续增加，出现了人为制造的社会需求，进

而使信用不断扩大，社会生产盲目扩大，物价疯狂上涨，生产迅速扩张，失业人数减少，出现表面上经济繁荣的景象。某些人为制造出的虚假的社会购买力，表面上看起来欣欣向荣、生机勃勃，实际上却只是一个空壳子，只是表面的经济繁荣假象。而虚假的繁荣是长久不了的，泡沫短暂的美丽之后，就是破灭。

比如近几年声势浩大的“双十一”购物狂欢节。阿里巴巴举办的第一个“双十一”就成功创下了571亿元的巨额交易量，而2016年更是创下了1207亿元的惊人成绩。“双十一”期间，大街上随处可见来去匆匆、满载货物的快递车，让人不禁讶异中国人的消费水平如此之高，经济如此之繁荣。让多少想要创业做电商行业的人心动不已。

然而，在这令人惊叹的数据之下，不难发现“繁荣”的背后，还有些不为人知的秘密：据统计，在去年的那些“双十一”活动中，位居销售量榜单前几名的品牌，成交后近一个月的退货率远远超过了业内的平均值。其中韩都衣舍位列女装销售额第一，可是退货率却高达64%；杰克·琼斯位列男装销售量第一，退货率也达到了38%；而家电类销售额排位第一的海尔，最近一个月内的投诉率同样高达54%。

如此之高的退货率，加上减价促销导致的利润下滑，让许多商家在“双十一”的繁荣假象中欲哭无泪。

对于较高退货率出现的原因，天猫官网进行了统计，有因质量问题退货的，有未收到货物退货的，但是总体而言，客观原因占的比例很小，大多数买家都是无理由退货。以韩都衣舍为例，2016年12月的总退货笔数为18万次，其中因质量问题退货仅有两千多次，未收到货退货近一万次，买家无理由退货却高达十几万次。而电子产业先锋——小米公司，退货次数七万多次，属于产品质量和收货原因的两万多次，说不出缘由的退货达到了五万多次。

这一数据分析，不禁让人怀疑，那么多的交易额是否属实呢？是不是被刷出来的呢？是不是只是一种假象？

居高不下的退货率严重影响到商家的盈利，快递行业的压力也大大增加。一位卖家表示，大量退货产生了严重的影响，部分退回的货物由于来回颠簸，表面受损，只能降价处理，影响到各商家的毛利润。而更直接的损失在于已经寄出的货物，卖家要承担运费、包装费与人工费用，损失严重。

本来参加“双十一”活动的产品就是低价销售，大部分商铺的销售价格大大低于平时的价格，再加上大量的囤货、员工的加班费等开支，让商家获利更为困难，只能在“双十一”的“繁荣”中艰难求生。

提到虚假繁荣，就不得不提到泡沫经济。泡沫经济多指“实体价值低于资产价值，非常容易丧失持续发展能力的宏观经济状态”。泡沫经济由大量投机活动支撑，因为缺乏实体经济的支撑，所以其资产犹如泡沫一般容易破裂，表面上看生机盎然，实质上脆弱不堪，一戳就破。泡沫经济发展到一定的程度，经常会由于支撑投机活动的市场预期达不到或者“神话”的破灭而导致资产价值迅速下跌，这在经济学上被称为泡沫破裂。

20世纪时，出现过多次的泡沫经济浪潮，美国互联网经济破裂、希腊次贷危机、冰岛国家破产等，其中较为著名的要数日本80年代的泡沫经济，其主要体现在房地产市场和股票交易市场等领域。一旦泡沫经济破裂，其影响将会导致一个国家乃至整个世界的经济动荡，国际经济走势也会随之受到影响。

21世纪以来，随着经济的飞速发展，我国房地产持续走热，价格增长速度过快，许多经济学者担心会成为新一轮泡沫经济的开始。2012年伊始，二手房地产出现了异常兴旺的苗头，原因在于房产中介把同一套房子来回买卖，几个回合下来，实际房子并没有增多，但报表里却多了不少。一套房子不管被交易多少次依然是一套房子，可是中国的GDP却因为一套房子买卖几次而增长了。

编织一些所谓的成功案例，制造出一种行业昌盛的假象，来吸引好奇的人们，这种虚假繁荣就好比一座雪山在经受着不断震动，大家都知道雪崩的厉害，危害性极大，却还是愿意一览雪山的美景而冒险。而所有妄想造成虚假繁荣的手段就是在不断地惊扰雪山，雪崩一旦发生，其势不可当，老百姓将面临巨大的灾难。所以一定要擦亮眼睛，不要看见骑白马的，就以为是王子，他有可能是唐僧；看到会飞的就以为遇见了天使，它有可能是个鸟人；亲眼看到的经济繁荣，也许是个陷阱。换个角度思考问题，也许结果大不同。

等车定律：为什么总是事与愿违？

每次等乘公交车的时候，我们几乎每个人都会遇到下面这几种情况：

赶时间的时候，你越急，公交车就越是姗姗来迟。

当你快要到达公交站台的时候，你要坐的那辆车正好开始启动离开，任凭你使出浑身解数，都没办法让公交车司机多看你一眼。

正当你顿足捶胸的时候，你不坐的那些公交车一辆接一辆稳稳地停在公交站台，向你一顿示威之后又安然离去。

更可气的是，你对面的公交站台已经连续过去好几辆你要坐的公交车，然而这一切与你无关。

你终于败给了自己的耐心，忍无可忍招呼了一辆出租车，可是就当你坐上出租车的时候，那辆车竟然来了，而且你看到后面还跟着至少一辆同一线路的公交车。

随着拥挤的人群，你费了九牛二虎之力终于挤进了车里。就当你庆幸的时候，赫然发现还有一辆同一线路的公交车，且车厢里空空荡荡。你终于忍不住愤怒，用一句标准的国骂来感叹自己悲催的等车生涯。

这其实是一种很常见的社会现象，在日常的生活中，我们也经常会遇到类似的问题：比如，有那么一场你期待已久的比赛马上就要开始了，这时候却来了一个重要的电话，你不得不放弃观看；有些东西每天都在你眼皮底下转悠，你看着都烦，然而需要用的时候，将家里翻了个底朝天也没有找到；与女友约会，平时都准时起床的你，却愣是没听到闹钟铃声，导致你女朋友要和你分手，你上缴自己的钱包才算结束；上班的时候天气非常好，所以早早就计划和朋友一起出去玩，结果一觉醒来，雷声阵阵，阴雨绵绵……

这种现象首先是在等车的过程中进行研究的，因此在经济学上，我们称之为“等车定律”，而主要内容有四点：（1）一旦人有某种意愿或者期待，事情就往往越容易与之相违背。举个简单的例子，某天上班，你起床有点晚了，抓紧收拾收拾，就想着到小区门口的那家早点店买点包子，然而却被告知包子五分钟之后才能熟。等，你就得迟到；不等，你就只能饿着，这时候你怎么办？（2）事物的发展总是遵循着一定的规律的，如果你不遵守，反而释放出负面情绪，这不但解决不了问题，反而有可能让事情变得更糟。沿着上面那个例子继续说，为了不被扣钱，你忍着饥饿在最后时刻来到公司，一路上的疲劳让你的脸色变得很难看，连同事善意的问好你都视而不见。坐在工位上，你开始抱怨早点店老板没有及时蒸好包子，抱怨公交车司机横冲直撞，抱怨公交车里拥挤的人群，所以领导交代你的事情你都心不在焉，最后被领导“请”到办公室“喝茶”。（3）大部分问题产生的最大的原因其实是我们自己，而不是客观条件。试想，如果你能按时起床，哪怕早起个十分钟，你就不仅可以享受一顿舒心的早餐，同时也可以舒心地工作。（4）人能够认识并掌握这个世界，但前提是必须遵循客观规律，知道怎么去预见、准备、面对以及处理有可能出现的问题。这次教训让你意识到问题的严重性，并且分析出因为昨晚玩手机玩得太晚，以至于连闹铃声都没有听到，因此你给自己制定了一个合理的作息时间，为了防止再次出现听不到闹铃声的现象，你又多设置了一次闹铃。

产生这种现象的原因其实很简单，我们可以从爱因斯坦向别人解释相对论的话中略窥一二。他说：如果你和你心爱的人坐在火炉边，一小时过去了，你觉得只过了五分钟；相反，如果你一个人坐在这儿五分钟，你却感觉坐了一小时，这就是狭义相对论。由此可见，由于所处环境、立场、时间等不一样，我们对待同一事物的看法也会大不一样，甚至完全相反，即当环境越舒服，心情越放松，我们就会以一种积极的心态去对待这件事；而如果环境恶劣，心情糟糕，那么我们对于一件事的评价肯定也是负面的。这就是“心理相对论”理论。

另外，就像前面所说的那样，人一旦有了某种愿景或者期望，就已经产生了心理落差，达成则高兴，未达成则失望沮丧。人的一生其实是不断实现自己目标的一生，当一个目标实现以后，新的追求就会随之而来，所以这种心理落差就会时常出现。

为了减少这种心理落差，我们可以采取一些办法：

第一，了解遵循客观规律，并学会利用之。任何的事物都要遵循一定的客观规律，只有在一定的规律下，这个社会才能正常平稳地向前发展。作为这个社会最重要的组成部分，人类也只能按照一定的客观规律发展，我们无论做什么、怎么做，都要符合现实情况，符合发展规律。

第二，不要把目标定得太大太远，学会适当降低期望值。制定目标的时候，要根据实际情况，尽量合情合理。首富王健林前一段时间有句话比较火：先给自己制定一个小目标，比如先挣他一个亿。这在他看来是很容易实现的目标，但对于绝大多数人来说是一辈子都无法企及的高度，因此我们不妨将目标定得小一些，比如你现在月收入5000，争取明年月收入达到8000；你今年攒了5万块，明年争取攒到10万，或者三年之内争取挣到50万，这样不仅能够达到目标，同时也能够减少自己的心理落差。值得注意的是，这并不是让我们降低自己的人生预期，相反这是让我们明白“知足者常乐”的道理。

第三，学会调整我们的心态，适当转移自己的注意力，享受生活。常言道：人生不如意事十之八九。没有人能一帆风顺的，甚至困难才是我们生活中的常态。遇到困难了，是自怨自艾、自暴自弃，还是调整心态、积极应对，这对于问题的解决非常重要。困难总是需要解决的，自怨自艾、自暴自弃不仅不利于问题的解决，还有可能错过解决问题的最佳时机。

面对问题时，是当机立断做出判断，还是在犹犹豫豫中错失良机，决定权在你！优柔寡断、意志薄弱的人反复权衡却始终下不了决心，然后看着机会白白流失；而意志坚定的人则会当机立断，这就是为什么他们能够成功的原因。

每天那么多人坐地铁，为什么地铁还会赔钱?

同事每天坐地铁上班，经常会在网上吐槽地铁的拥挤。一天，我无意间看到他发的一个吐槽帖，引起了很多人的回应：

“想快速瘦身排空体内垃圾？快来挤地铁吧！还在愁苦手臂赘肉？快来挤地铁吧！还在深蹲练大腿肉吗？快来挤地铁吧！生命在于运动，挤地铁有助健康！上海地铁，全民健康运动的领导者！”

“下车时穿着高跟鞋，不知道是谁的！附加：我是男的。”

“同上，男同胞一个，挤得事业线都出来了。”

“上地铁时手里捧的是仙人球，出地铁时变仙人掌了。”

“北京1号线，一个词解释所有。”

地铁的人流量之庞大，由此可见一斑。在这种情况下，不明真相的乘客一定会觉得地铁公司赚大发了，但事实却是，几乎所有地铁公司都在赔钱，每年都需要政府的大量补贴。

不少人会表示怀疑，怎么可能呢？那么大的人流量，怎么可能会赔钱？这是“幸存者偏差”在作怪。“幸存者偏差”又叫“幸存者谬误”，它的别名有很多，“生存者偏差”或“存活者偏差”等，这种理论反驳的是一种常见的逻辑谬误，即只看到经过某种筛选之后的结果，而不注意筛选的过程，因此往往会忽略一些关键信息。

就地铁赔钱这事儿来说，就是你认为坐地铁的人特别多，每次都挤得水泄不通，那是因为刚好你坐地铁的时间是地铁人流量最大的时候。一般坐地铁的多是上班族或学生，他们正好赶在早、中、晚三个高峰期。而事实上，地铁的客流量是大起大落的，高峰期有多拥挤，低峰期就有多空荡，在你看不见的时候，地铁上的人是很少的。

而且从建设、运营角度来看，地铁盈利的难度也是很大的，因为造价实在太过昂贵。目前，我国的地铁建设成本已经达到平均每公里3亿到5亿人民币，北京甚至已经达到每公里10亿人民币。除此之外，地铁工程的路线极长，影响范围很广，路线沿线上一旦出现建筑物、管线、道路等障碍物，都需要对其进行改造、保护等措施，所以不仅建设工程要花钱，工程以外的耗费也很大。

再有，因为路线长，且地底作业受到自然天气影响较大，所以建设前期还需要详细的规划、论证和政府审批等，甚至还需要试验，从开始酝酿到付诸行动、破土动工需要非常长的时间，短则几年，长则十几年。

而所有的这些建设成本，不可能全由政府财政支出，大多数情况下要去银行借贷，如此一来还要产生利息，再加上人工费、设备钱、运营支出等，都是不小的开销。

当然最重要的一点是，地铁是国家的民生工程，说白了就是公益项目，因此地铁的票价非常之低，根本不能维持运转。

客票收入高、商业运行好，也许能与支出持平，但大多数情况下运营支出均大于运营收入，因此地铁是亏损的。

其实“幸存者偏差”的例子还有很多，“二战”期间就有一个著名的事件。

第二次世界大战的时候，美英联军对德国展开了战略大轰炸。但是由于德国的防空力量非常强大，美军飞机经常被击落，损失惨重。为了降低飞机被击落的概率，国防部的指挥官们决定改进战斗机。

在检查了从战场上艰难归来的受损飞机后，他们发现几乎所有飞机的腹部都是伤痕累累，机翼却鲜有弹痕，完好无损，于是指挥官们觉得应该强化对飞机腹部的防护。但是当时军方请来的一位统计学教授给出的改进意见却是：加强对机翼的防护。这是因为虽然飞机腹部伤痕累累，但是都能平安返航，而凡是能够幸运返航的飞机，机翼都完好无损，这并不说明机翼不容易被击中，而是被击中机翼的飞机都坠落了。因此应该加强防护的是机翼，而不是机腹。

事实证明，教授的想法是正确的。因为机翼一旦中弹，安全回来的概率微乎其微，而机腹中弹后，并不太影响飞行。

这个故事给我们一个启示：看事要看全面。看不见的弹痕才最致命，战毁的飞机不能发表意见，所以根据弹痕数据来分析原因存在很严重的偏误。我们分析问题时，不能只依赖看得到的信息，忽略那些不明显或者沉默的信息，否则，得到的结论就会与事实情况存在很大的偏差。

换句话说，当越是认真观察看得到的“弹痕”时，你距离真相就越遥远。

比如说，我们经常能看见那些成功者侃侃而谈，觉得成功怎么那么容易呢，然后蠢蠢欲动想要也去试一试，但是却忽略了一个事实：同样这样发展，但是失败的人更多。因为“幸存者偏差”的心理感受让我们只看见成功者的意气风发，没有看见失败者落入泥潭。

进一步说，日常生活中的很多错觉，其实也都来自幸存者谬误。比如“国外的月亮比国内的圆”，并不是外国的各种条件就比国内好很多，而是各种影片、资料中展现给我们的都是好的，并不能代表所有的都是好的；我们觉得外国人都那么漂亮，是因为这些演员在其国内就是数一数二的；外国人觉得中国人都那么有钱，因为他们看见的只是有条件出国旅游的那些人……

在很多骗局中，骗子也会利用简单的“幸存者偏差”原理，使被骗人上当。

一个外国青年，是个足球爱好者，在一次足球比赛开始之前，他收到一条短信，短信内容上写出了这场比赛的胜负结果，并建议他去下注。青年并没有在意，认为这简直假得离谱。结果，球赛的结果真如短信说的一样。青年觉得只是被骗子恰巧蒙对了。

第二天，他又收到了同样的短信，又把今天比赛的结果发给了他。他依旧不屑一顾。最后，短信上的结果又验证了。青年还是觉得是巧合，没有动心。

第三天，短信再次来临，和前两次一样，预测了今天比赛的胜负，结果也是正确的。青年不由心动了。在第四天短信发来之后，拿出自己全部的储蓄去下注赌球，结果输得一干二净。

后来他的邻居告诉他说也曾收到过这样的短信，但是第二天的结果就预算错了。你明白骗子玩的把戏了吧！

他们把球赛的两种结果编辑好，发送给100个人。球赛结束后，其中50个人收到的短信预测成真了。第二天再把两种结果发给那50个人，又有25个人的结果是正确的。第三天同样如是。这样三轮下来，剩下的那些人就完全相信了，因为在他们看来，每次都准得不可思议，然后他们就会像上述的青年一样被骗，轻则破点小财，重则倾家荡产。

这就是幸存者谬误，你只看见你所在时地铁的人满为患，却没有看见其他时候的冷清。

马在城市生活中的遗留问题

当世界踏入现代社会之后，经济快速发展，人与人之间的交往越来越频繁，国与国之间的贸易发展迅速，这对交通工具就提出了空前的要求，交通问题成为很多国家不可避免的难题。交通工具的更新换代引发了包括交通拥堵、高昂的保险成本以及每天都会发生的交通事故等；此外现代交通工具还会排放有毒气体，造成空气污染，不仅危害居民健康，还危及生态环境；甚至那些本该用作食物的粮食作物被用来生产燃料，结果造成食品价格抬升，导致食品短缺。

因此，经济学家大肆抨击汽车带来的严重的“负外部效应”。同时，很多环境保护者也发难，他们认为汽车是一项糟糕的发明。甚至一些未来主义者呼吁我们回归自然，提出重新将马作为交通工具。试想一下，每天骑着马上下学、上下班，互相见面打招呼的方式不再是摁喇叭，而是一记响亮的马鞭，是不是超级酷！

但是，马就真的好处多多吗？和汽车相比，马的危害就少吗？如果我们将开车改为骑马，那么城市生活将会变成怎样？

从遥远的古代开始，马一直都是人类最得力的帮手。人类通过多种方式利用马匹为自己服务：打猎的时候骑着马，用马拉车出行，生意人的交易往来，用马来拉动机器运转或者做农活。尤其在军事上，马更是必不可少的，作战、传送军令、运送粮草、汇报战况，甚至在条件艰难的时候，马还可以作为储备的食粮。

但是，马也给人们的生活带来了很大的麻烦，给城市遗留了很多问题。不妨让我们来看看中国古代人民的生活。

我们经常会在电视剧里看到男女主角相遇的经典场景：我们的女主角美美地在大街乱逛时，不知谁家的马受了惊，在大街横冲直撞，眼看就要冲到女主角身上了。在这危急关头，我们英勇无比的男主角出场了，他从天而降，落到马背上制伏烈马，然后飞奔过来一把抱起女主，来一个三百六十度旋转的公主抱。这样不仅制伏了马，还抱得美人归。

当然了，这只是电视剧，都是被加工过的。而我们讲的也不是爱情故事，我们今天要说的是马。都说艺术来源于生活，又高于生活。那么这一经典桥段必然也是古代生活中真实发生过的。我们不妨想一想，干净的街道上，一匹马脱缰之后横冲直撞，道路两旁的商贩“首当其冲”，失去理智的马会掀翻商贩们的摊子，踩烂出售的东西。这还是轻的，发了疯的马可不管你是人还是物品，凡是拦路的，管你是什么，一律踏过去，被踏之人轻则受点伤，重则可就失去了一条性命。

不仅如此，马车也会造成严重的交通堵塞。就像车险一样，外国有很多马厩的拥有者花大价钱给马买了保险。保险条文上有这样一条规定：面对无药可治的马匹时，应由第三方实施“安乐死”方案，让它没有痛苦地离开。这也就意味着，当马匹突然在街道上倒下后，不能立即运走，而是要等第三方——兽医或美国防止虐待动物协会之类的工作人员赶到现场实施“安乐死”，这就大大地阻碍了交通的正常运行。

就算马匹当场死亡了，交通堵塞的情形也不能马上得到缓解。因为马的体积庞大，搬运是一件十分棘手的事情。据交通问题学者埃里克·莫里斯研究，中世纪的时候，马在街道上死亡后，往往要等到马的尸体腐烂以后才开始清理，因为这时候马匹更容易被锯成小块。

而且为了保护马，延长它的使用寿命，所有的马蹄都会钉上马掌，因此马在行进时会产生令人不堪忍受的噪声。如果那个时候有现代医学科技，我想大部分城市居民都会被检测出神经衰弱。因此，政府规定，在医馆或者学府等对噪声敏感的区域附近禁止马车的通行。

我们在前面有说到，马极易撞倒行人。其实不论是单独的马匹还是马车，都不像我们在影视剧中看到的那样容易控制，在路面光滑、行人拥挤的城市街道上更难以驾驭。

据统计，仅1900年一年，纽约就有200个市民被马匹造成的交通事故夺走了生命，这就意味着每17000个纽约市民中就有1人死于与马匹有关的交通事故。与之相对的是，2007年，纽约死于汽车交通事故的市民人数为274人，而根据人口来算，大约每30000个市民中才有1人死于汽车交通事故。也就是说，纽约市民死于马匹交通事故的概率，大约是死于汽车交通事故概率的2倍。

一般来说，一匹马每天排泄的马粪大约10千克。如果按照现在城市里汽车的数量来算的话，恐怕城市里每天产生的马粪会让人震惊不已。

我们假设古时候的一个城市里有20000匹马，那么一天下来光马粪就重达200吨。我时常在想，有洁癖的人在古代应该是很难生存的。

那么这些马粪该怎么办呢？很小的一部分会被农民拉回家用作田地里的肥料，或者被运走用作燃料。但是这毕竟只能解决很小的一部分，即使每天都有人去清理，也跟不上马粪产生的速度。

可以想象一下，随着马粪的不断堆积，等到夏天时分，炎热的天气下，马粪臭气熏天，会引来无数的蚊虫；而一旦雨季来临，在雨水的冲刷下，马粪就会随着雨水向低洼的地势流淌，那些房子处于低处的城市居民就会受到马粪的“洗礼”。所以当你今天到外国旅游，看到他们建造的比街道高两个台阶的门阶时，请记住，这可不是什么民俗文化、建筑艺术，这只是当时一种迫不得已的建筑方案，只有这样才能确保房屋的入口高于马粪横流的街道。

所以为了解决马粪涌向家里，建筑成本也大大地增加。

而且，马粪造成了极其严重的公共卫生问题。马粪堆积的地方，会滋生很多的细菌，招引不计其数的苍蝇，苍蝇又会在人群中传播大量致命的疾病。这又增加了居民看病的成本。

所以我说，抛却环境问题（哦，忘记说了，其实马也会造成环境的污染，因为马粪会散发一种后果很严重的温室气体——甲烷。当然，那时的人们还不会担心什么全球变暖的事情），“养”汽车比养马便宜多了，而且马的问题要比汽车多得多。

为什么女人衣服扣子在左边，而男人的在右边?

生活中有很多的现象都很有意思，值得我们去关注和了解。现在我们来聊一聊一种非常常见的现象：不知道你们有没有发现，男生几乎所有衣服的纽扣都在右边，而女式衬衫的纽扣则恰恰相反，被设置在衣服的左边。

也许细心的朋友已经发现过这点了，或许你会认为这只是一种设计构思。但我们平时不是都会说“男左女右”嘛，那应该反过来才对呀。而且事实上，为了节约成本，制作方便，制作成衣的商家是不会专门做这种设计来麻烦自己的。

这种设计其实有着一个非常曲折和有趣的历史故事。

纽扣源于古罗马，最开始是用来做装饰品的，当时的人们把它作为一种装饰钉在男人们的衣服上，只有男性才能使用。一直到了13世纪之后，纽扣的作用才变得和现在差不多。那个时候，人们已经懂得在衣服上开扣眼，这种做法大大提高了纽扣的实用价值。后来，因为纽扣既实用又美观大方，在女性服饰中也随之采用了。到了16世纪以后，纽扣得到了普及。

中世纪的时候，西方的阶级观念非常重，只有贵族阶级或者有钱人穿的衣服上才可以钉扣子。一方面，世界上大多数的人都善用右手，所以把男装的扣子放在右边；另一方面，男性把纽扣钉在右边是由于罗马的男人们充满着热血和激情，他们接受的是军人教育，随时都有上战场战斗和与别人角斗的可能，而男性一般都是用右手拿剑，左手空着，为了方便他们用左手扣扣子，和更好地保护持剑的右手不被冻着，能够随时都把右手插进衣服内取暖，设计师们苦思冥想之后，就把纽扣设计在了右边。

前面说到，能够使用纽扣的都是有地位的贵族，在十七八世纪的欧洲女性中，能够在服装上使用到纽扣这么潮流的东西，其炫富程度丝毫不亚于现代社会中女孩子在手指上戴着一枚钻戒。所以但凡能够穿戴有纽扣服装的女性，一定是生活在非富即贵的家庭。这种贵族家的夫人、小姐，家里有专门的管家，有私人教师，有牵马男童，有做饭厨娘，当然一定也有为主人梳洗打扮的女仆。

有条件穿戴有纽扣服装的贵妇们是不需要自己动手穿衣的，她们那双葱白般的纤纤玉手是不能干这样的粗活的，都是由女仆服侍她们穿衣的。为女主人里三层外三层穿衣服，扣好数十颗纽扣可是不小的工作量，而且“扣纽扣”这个动作，是站在主人面前完成的，为了方便女仆的操作，这就需要将纽扣缝在左边。

而另一方面，将女性的纽扣放在左边也符合女性哺乳的诉求。

同样，绝大多数女性都是善用右手者，更习惯于用右手逗孩子、做事情，所以她们大多用左手抱孩子。设计女性纽扣时也要考虑到这一点，当婴儿饿得嗷嗷直叫的时候，妈妈们就可以立即解开衣服，满足孩子的需求。

因此，简而言之，男士衬衫的扣子在右边，是因为大多数男性都是自己穿衣服，而且他们常要用右手拔出挂在左腰上的剑。而中世纪女士的纽扣缝在左边，第一是由于她们需要女仆帮她们穿衣，第二是出于哺乳的需要。

由此可见，产品设计是根据使用者的需求决定的。同样，生活中还有很多类似的事例。

学习系复杂的鞋带是每个孩子必经的过程，而且是有些孩子痛苦的经历——要不就系得乱七八糟，要不就系不结实。瑞士发明家乔治·德·梅斯特拉尔很早就观察到这种现象，为此他在1995年创造出鞋子魔术贴，这算得上是鞋子发展史的一次里程碑事件。随后，魔术贴被大量生产，几乎取代了拉链、锁扣和鞋带等传统方式。用魔术贴代替鞋带的好处非常明显：鞋带过长，极容易把人绊倒，尤其是下雨天，鞋带会被雨水弄湿染脏，给出行带来极大不便，而用魔术贴绑鞋则可以完全避免这些问题。

然而，魔术贴虽然一度声势浩大，几乎将鞋带、拉链等从市场上“赶尽杀绝”，但是我们发现，穿魔术贴鞋的人比例依然没有穿鞋带鞋的人多，那么为什么相较而言缺点明显的鞋带依然能够“幸存”下来，没有被取代呢？

因为打从一开始，制作魔术贴鞋子的公司就是把市场目标放在孩童和老年人身上的。孩子年龄小，还没有学会系鞋带，而老年人年龄大，身体不好，关节僵硬，很难做到弯腰系鞋带，魔术贴给他们和家人带来了很多便利。

而对于广大的青年人来说，魔术贴会带给他们一种无能和虚弱的印象。而且黏扣非常容易失去黏性，一旦魔术贴失效，整双鞋子就会报废，对于运动量较大的年轻人来说，这种鞋子太过容易松动，不受到他们的喜爱。

因此，即使用鞋带比较费事，短时间之内，鞋带并不会退出历史舞台。

在经济学范畴里，“针对不同购买群体对服装功能的不同需求，成衣商采用相应的统一标准”，这一点并不足为奇，产品设计要符合经济原则。而且规范一旦被确立，就很难发生改变。女装衬衫的扣子在左边已经成了所有女性既定的习惯，所以现在的商家也不会冒险去改变，一旦扣子换到右边，女性就得重新培养新习惯，而我想，大多数女性都不愿意做这个改变。

牛奶装在方盒子里，可乐却装在圆瓶子里，是因为什么?

为什么类似或者相同的产品，它们的外包装，甚至外形和颜色等设计都不一样呢?

经常逛超市的人会发现，超市货架上的可乐、雪碧、橙汁等饮料，各种酒类甚至酱油、醋之类的液体，不论是塑料的、玻璃的，还是锡铝的，它们的包装都是圆瓶子。而牛奶却是例外，百分之九十以上的牛奶包装盒都是方形的。这是为什么呢?

按理说，正方体的容器比圆柱体的容器能够更加节约货架空间，使货架得到更加经济的利用，那么为什么其他饮料的生产商不改用方形的容器呢?

一种原因是，我们平时所喝的饮料、纯净水等，多数人都选择拧开盖子直接对着嘴喝。而且可乐这种碳酸型饮料，开了盖之后不宜长时间存放，我们也不会将它储存起来慢慢喝。所以，设计成圆柱形就更符合人体的设计，拿起来更称手，并且抵消了它所带来的额外存储成本。但是牛奶跟其他饮料不同，它可以长时间储存，人们大多数情况下也不会直接就着盒子喝，而是倒在杯子里或者用吸管喝，所以是否用圆柱形包装对它来说并不重要。

那么到底是什么原因导致牛奶装在方盒子里呢？

这时候就要说到成本效益原则了。我可以断言，即使大多数人都将牛奶拿在手里直接喝，牛奶的包装盒依旧不会设计成圆形，这是因为牛奶需要冷藏。

没错，牛奶与可乐等饮料的另一个不同点，也是决定它们包装不同的最重要的一点就是牛奶需要冷藏。

我想，所有人应该都具备这个常识：方形物体比圆形物体节省空间。

超市里面，像可乐、雪碧这些饮料都是放在一般的开放式的货柜上，这种货架不需要通电，买来之后一般也不需要额外的费用。但是牛奶则不同，牛奶的保质期很短，这一特性决定了它需要放在专门的冰柜里冷藏。为了节省空间，使用方形盒子就显得划算太多。而如果把装牛奶的容器设计为圆柱形，那么我们就需要更多、更大的冰箱，用电量就随之增加，运营成本也随之增高。

听完我的解释之后，有朋友也许会问："照你这么说，冰激凌也需要冷藏，也有运营成本，可是大多数的冰激凌都是圆盒子呀？"

当然，冰激凌的设计主要是为了照顾消费者的心理需求。我们不难发现，像冰激凌、巧克力杯、小蛋糕等这一类的食物都是圆形包装。这是因为方形的盒子有棱角，如果将包装盒设计成方形的，一些边边角角里的食物就很难被吃到，顾客会因此产生厌烦心理，以后再购买此类商品的欲望就会下降。

从而我们能够发现，有很多我们平时不在意的小细节其实充分体现了产品设计的经济学，就好比上面这两个例子，就向我们展示出了产品的设计对于经济利益的重要性。

产品造型设计中的经济因素不仅与能节省多少空间这样的理性数学几何计算有关，有时候还与人的错觉有关。

同样以饮料为例。如果仔细留心观察各种饮品的包装，你就能发现，市面上细细长长的圆柱形包装罐应用得比较广泛，比那些矮矮胖胖的圆柱形包装罐多得多。其实，用数学的思维稍微计算一下，在容积相等的情况下，矮矮胖胖的包装罐更加节省材料，那么为什么生产商还一直采用细细长长的形状作为包装罐的造型呢?

答案其实很简单，视觉效果。都说眼见为实，其实很多情况下，眼见不一定为实。人眼本身具有一定的错觉，同等长度的两根木棒摆在一起，拼成一个直角，即一条横着放，一条竖着放，人们一定会觉得竖着摆的木棒要比横着摆的木棒更长一些。应用到饮料包装罐上，人们就会认为细细长长的包装罐装的饮料更多，矮胖的包装罐装得少，下意识地就会选择购买细长包装的饮料。但其实这两种包装罐里的容积是相同的。

因此，生产商将饮料包装罐大多设计为细长的造型，这样更符合消费者的心理，也就能获得更大的效益。

我曾经认识一个在企业生产线做工的人，主要负责维修电器开关。他曾给我讲过他的一个经历：

以前老生产线，现场设备上的开关“原配”是西屋电器的，美国货。这种开关的核心部件占整个开关体积的40%都不到，却用了一个超大的外壳。当时他还认为美国人有点傻，根本没必要做那么大的外壳，不仅浪费钱，还浪费空间，并且外观很丑。

后来那种开关停产了，生产线上的开关用了很长一段时间后，老化坏了，就只能换成国产的一个品牌。新换的开关核心部件的构造大体和原来的差不多，但外形很小巧很紧凑，既节约空间又漂亮。

直到有一次国产开关坏掉了，他去参与维修时才发现，西屋的开关虽然被他吐槽了那么久，但是它的设计非常人性化！因为他只需要把后盖拆开就能操作，外壳里那些多余的空间刚好能容纳小型的电工起子。而国产的，不把开关整个拆散就根本没地方下手维修。

所以，产品设计“既要包含最符合消费者心意的功能，又要满足卖方保持低价、便于竞争的需求”，这也就是说，产品设计必须在两者之间找到平衡，产品设计的功能既要符合成本效益原则，又要遵守服务顾客原则。因此有些经济学家认为，“当且仅当收益不低于成本时，才应采取行动。因此，只有收益（以愿意支付额外费用的消费者数量来衡量）不低于成本（以增加某一功能所能吸引的额外消费者数量来衡量）的时候，才应当增设某一产品功能”。

例如，飞机厕所的冲水按钮。一般家用马桶的冲水按钮你一伸手就能按到，而飞机上的马桶按钮却被设置在正对人后背的位置，必须起身才能按到它，特别不方便。

这样的设计有什么原理吗？飞机上的马桶和家用马桶的不同之处在于，飞机在天上飞行，没有足够的水源，所以厕所里的马桶是依靠抽空气造成真空吸力来冲走排泄物的。刚开始，飞机上马桶的冲水按钮也是设置在手边上的，看似非常方便，结果它却有一个很大的问题：很多大胖子或屁股比较丰满的人，在按下抽水按钮的时候，被吸在了马桶上。这种局面就未免太尴尬了。为此，航空公司贴上警示牌，空姐友情提醒，甚至在空乘训练里加了一项怎么撬被吸住的乘客……然而这样并没有什么用。

直到后来一个波音公司的设计师把按钮改到了现在这个很别扭的地方才解决问题，因为这样一来，乘客就必须站起身来按按钮，实在懒得动的，也得抬下屁股转过身来，这样就会有空气进来。

近年来，产品设计受到越来越多人的重视，因为它不仅与产品形象相关，更与经济紧密挂钩。

为什么火箭助推器宽4英尺8.5英寸

美国航天飞机研制成功以后，就一直流传着一个不成文的规定：航天飞机燃料箱的两旁有两个火箭推进器，而它们的宽度始终都是4英尺8.5英寸，任何一架都是。要知道，没有任何明文规定要使用这个数字，那么为什么所有的建造商都默契地采用了这个标准呢?

因为运送这些建造好的推进器使用的是火车。大家都知道，火车运送的途中，偶尔会通过一些隧道，那么为了节省人力和资金，所有打通的隧道的宽度只比火车轨道宽那么一点，因此火箭助推器的宽度就和铁轨的宽度一样。

那么，为什么两条铁路之间的铁轨标准距离都是4英尺8.5英寸呢？这是因为早期铁路的设计者是设计电车的人，而建电车的人给电车车轮之间所设定的距离是4英尺8.5英寸。

那么，为什么电车的车轮距离是4英尺8.5英寸呢？这个标准是从造马车的人那里延续下来的。因为最先设计电车的人以前就是建造马车的，所以电车的车轮距离就沿用了马车的车轮距离。

那么马车的车轮距离又是怎么来的呢？这是因为最先建造马车的西方人发现，4英尺8.5英寸是英国马路上的车轮印子之间的宽度。如果马车不按照这个标准建造，由于车辙痕迹很深，马车就会很难行驶，它的轮子就会很容易在路上被撞坏。

那么问题又来了，这些车辙的距离为什么是4英尺8.5英寸呢？这是因为包括英国在内的整个欧洲的道路都是由古罗马人为了军队的行军而铺设的，而之所以会是这个距离，是因为古罗马人的战车宽度是4英尺8.5英寸。

再向前追溯，古罗马人的战车为什么会以4英尺8.5英寸作为车轮的轮距宽度呢？这个标准从何而来？这是因为一辆战车需要由两匹战马来牵引，而牵引战车的两匹马屁股的宽度就是4英尺8.5英寸。

所以，最后的结论是：美国航天飞机火箭助推器的宽度，竟然是取决于两千多年前的两匹马屁股的宽度。

虽然这个结论有些荒谬，但是体现了经济学上的一个概念，叫作“路径依赖”。

路径依赖，它指的是在人类历史的变迁中，社会技术的演进和制度革新，一旦进入某一路径，且不管此路径是好是坏，就可能对这种路径产生依赖。人们一旦选择了某种体制，由于规模经济、学习效应、协调效应以及适应性预期，以及既得利益约束等因素的存在，会导致该体制沿着既定的方向不断得以自我强化。

使路径依赖理论赫赫有名的是1993年获得诺贝尔经济学奖的道格

拉斯·诺斯，他在《经济史中的结构与变迁》一文中，将美国总统切斯特·艾伦·阿瑟之前关于技术演进过程中的自我强化现象的论证，推广到制度变迁方面来，从而建立了制度变迁的路径依赖理论，成功地阐释了经济制度的演进。

诺斯在详尽地考察了西方近代经济史以后，认为有些国家长期发达不起来，经济落后的主要原因是在它的经济发展中，制度变迁存在着路径依赖现象。

下面用一个例子简单解释一下：

曾经有人做过一个实验：先找来五只猴子，然后把它们关在同一个笼子里，然后把一根香蕉用绳子吊在笼子上端，旁边的实验人员手里拿着高压水枪，只要有一个猴子想要去够香蕉吃，就打开高压水枪冲击所有的猴子，不让它们拿到香蕉。就这样循环反复，直到它们全部受到教训，明白了那个香蕉不能碰，一旦碰了就会连累到所有同伴被水冲。

等到没有一只猴子敢再动手拿香蕉的时候，取出其中一只猴子，换一只新猴子进去。新来的猴子不知道香蕉不能碰，一看到笼子顶端有一根香蕉，就迫不及待地伸手去拿，结果还没等到实验人员用水枪去惩罚它们，其他四只“老”猴子就先动了手，非常愤怒地把新来的猴子暴打了一顿，阻止它再去拿香蕉。

等到实验人员确定这只新猴子不再动手取香蕉后，又用一只新猴子取代了原来的一个“老”猴子。同样的场景再次上演，新来的猴子不懂规矩，一进来就要去拿香蕉吃，原来的三只猴子依然不等实验人员动手就先打了新猴子一顿。而先进来的那只新猴子虽然不明白为什么，但是它知道香蕉不能碰，再加上之前被打过，出于泄愤心理，也跟着一起打那只后进来的猴子。于是，后进来的新猴子就一直被打到不敢再去拿香蕉。

就这样，实验人员依次将原来的猴子替换成新的，每次的结果都是一样。直到笼子里的五只猴子都被替换了出来，但是被换进去的五只猴子却也没有任何一只再敢去取香蕉了。

是什么原因呢？刚开始原来的猴子们因为怕受到连累，被高压水枪喷，所以不允许新来的猴子去碰香蕉，这我们都能理解。但是，到了后来，实验人员已经不再用高压水枪介入了，而新来的猴子仍然不去拿香蕉，这就是路径依赖在作怪了。

诺斯认为，“路径依赖”就好像是物理学中的惯性，这种惯性使得人或事一旦进入了某一路径后，就会在以后的发展中得到不断的自我强化，对这种路径产生依赖。

“路径依赖”理论被总结出来之后，被广泛地应用到经济学方面。不论是集体还是个人，一旦做出了选择后，就会为了目标不断地付出精力，投入各种资金成本。而由于未来的不确定性，大多数人会选择前者开辟的道路，因为这条路上的成本与收益是可以估算到的。就算哪天他们发现选择是错误的，但是因为前期已经投入了巨大的精力和资金，为了不使努力白费，也不会做出改变，这就是沉没成本。所以，沉没成本是形成路径依赖的主要原因。

我有个朋友，因为工作原因刚刚搬家到另一个城市，对于城里的路况不是很熟悉。刚开始适应新工作的那几天，每天都早出晚归的。

一天早上，朋友开车一出门就发现外面起了大雾，根本看不清路。本来对路就不太熟悉的朋友开得非常慢、非常谨慎，生怕走错了路，一直开着导航，每个路口都要仔细确认。

走着走着，朋友发现在他前面的一辆车方向跟他好像是一致的，每个拐弯口的方向都一样。再三确认之后，朋友觉得两辆车的目的地应该差不多，就一直紧盯着前面汽车的尾灯开。

走了一会儿，前面的车突然停下来不走了，朋友以为是遇到了红绿灯，便也停了下来。等了一段时间，前面的车还是不走，朋友就摁了摁喇叭，朝前面的车喊："怎么还不走啊？"

结果从前面的车里下来一个人，莫名其妙地看着他："朝哪儿走？我到家了。"

朋友这才下车往前走了几步，发现原来人家的车是被停到了车库里，而自己早就偏离了原本的路线了。

很明显，朋友是因为过度依赖前面的车才造成了走错路的结果。所以，我们在做出任何一项经济决策时，最好跳出既定的思维，仔细考虑决策的长久影响性，选择正确的道路。

为什么大家总喜欢破坏公共资源?

每天吃过晚饭，我就会和家人或朋友到不远处的公园里散步消食。公园的景致非常优美，有一段人工挖建的景观河，两岸铺满了鹅卵石，并且种满了垂柳。一路走下来，水中的鱼，岸边的花，在夜灯的照耀下影影绰绰，微风徐来，杨柳依依，煞是好看。

但，走的次数多了，我发现了一些问题：公园里供人休息的长椅和石墩，不知被谁弄得斜歪到了水里；为防止儿童落水，而在河岸上连接起来的铁链，也一根接一根地断落，继而不见踪影；本来清澈见底的河水，上面也漂起了各种各样的垃圾。

看到这种情形，我非常地痛心，可是回过头来，我又在思考一个问题，为什么总有人破坏公共资源？公共设施是为大家服务的，是为了保护大家的身心安全，可是为什么会遭到我们的破坏呢？是不是谁都可以破坏公共环境而不用负责任呢？

这是因为，公园里的设施景观是一种公共资源，是大家共享的。在这种思维下，有些人就会抱着公共资源不占便宜就是吃亏的心理，他们觉得，就算自己不从中获取利益，别人也会从中获取利益，而自己从中获取的利益越多，别人获得的利益就越少，那么自己的损失就越少。

人们只想从公共资源中捞取好处，并不关心自己的行为是否会对它造成伤害，因此造成了一个个的“公地悲剧”。

“公地悲剧”是经济学上的一个概念，公地作为一项资源或财产，它存在着许多的拥有者，拥有者中的每一个人都有使用的权利，同时，没有阻止其他人使用的权利。而在利己思想下，每一个人都倾向于过度使用，从而造成资源的枯竭。而之所以叫悲剧，是因为每个当事人都知道资源将由于过度使用而枯竭，但每个人却都抱着“及时捞一把”的心态而加剧了事态的恶化。公地悲剧进入经济学者的视野，是在十五六世纪的英国，当时森林、草地都属于公共用地，被作为公共的牧场使用。之后随着英国对外贸易快速发展，养羊业也飞速发展，于是大量羊群进入公共草场。过度放牧导致土地开始退化，“公地悲剧”出现了。

而这一概念是在1968年，由英国学者哈丁首次提出的。他发表了一篇名为《公地的悲剧》的著作，在文章中假设了这样一个场景：在一块公共草场上，一群牧民在一起放牧。即使明知羊的数量已经到了极限，再增加羊的数目，草场的质量将会下降，但是每一个牧民还是想尽可能地多养羊，因为多养一只羊意味着可以多获取个人的收益，而且牧场使用成本几乎为零，代价却是大家共同承担的，所以牧民肯定会选择超载放牧。

类似的例子在现实生活中随处可见，比如渔民们对江河湖海中的鱼虾进行过度捕捞，破坏了江河湖海的平衡；工厂将废水排放到公共河流里，导致水源被污染；“光头强”的“李老板”们对森林植被进行乱砍滥伐，导致生态被破坏等。

前几年，广州的消防栓就深受其害。

随着我国经济的飞速发展，城市规模的不断扩大，消防器材成为市区里越来越重要的公用设施。近年来，公用消防栓的数量每年都在递增，然而，递增的速度再快，也远远赶不上破坏的速度。

每次灭火器年检时，时不时就会发现消防栓的出水龙头被损毁，无法拧紧甚至断掉，大帽和耳帽不知所终，甚至有些消防栓被整体破坏。一旦消防栓被损坏，造成的经济损失是小事，万一周围出现火情，还会影响施救，给周围居民的人身财产安全造成危害。更重要的是，消防栓与埋于地下的自来水管道相连，一旦被撞断，不但会造成大量水资源的浪费，而且维修或是更换的成本都极高。

为此，广州从去年开始，就将旧的消防栓全部更换成了能够防撞击、防破坏的新式消防栓。这种智能消防栓一旦被车损毁后，能够自动封锁自来水出口，制止自来水的涌出，从而大大地减少了消防栓被撞后，造成水流不止，水资源浪费的现象。

除此之外，公共资源遭到破坏的现象还时有发生。

2007年，具有智能化运营管理的、具备一定实用价值的公共自行车系统开始进入中国，先后在北京、杭州、武汉等大城市开展试点，逐步向其他省会城市拓展，部分中小城市进行尝试。

现如今，在各个城市的街头，经常能看到年轻的上班族骑着一辆辆或黄或绿的公共自行车上下班，老人们骑着它买菜、锻炼……

某地的公共自行车自2012年12月正式启动以来，从最开始的几个网点、几百辆自行车，发展到现在的几十个网点、几千辆自行车。简便快捷的公共自行车成为街道上一道亮丽的风景线。

然而，城市的公共自行车在带给广大市民便利的同时，也在经受着市民的摧残。即便大部分的使用者素质比较高，能够做到爱护公共财物，但是仍有少数市民道德水平低下，出现了用完不归还原位，即用即扔、故意损坏自行车和站点的租赁设备以及没有市民卡却强行取车等行为，致使公共自行车很“受伤”。这些人缺乏对公共资源的爱惜，造成公共自行车及站点设备磨损现象严重，甚至还有人贪图便宜，为了方便自己使用，而且省去一笔开支，长期霸占公共自行车不还。

在某地的公共自行车维修站的地下仓库里，存放着上百辆被损坏的公共自行车。它们安静地“睡”在那里，等待着修车的师傅们来给它们修理，每辆自行车身上都有各种各样、不同程度的损伤。它们的损伤一看上去就知道是人为造成的。最常见的损坏情况有：各种链条的断裂，车镫的断裂，车胎的磨损漏气，车龙头、车筐弯曲，车脚架的松动，车座明显的割痕等。

这些受伤的自行车已经算是幸运的，至少它们能够回到租赁站点这个家里，得到及时的修护。而不少公共自行车莫名消失，并且归家难，有家难回。经常能够在居民小区或偏街小巷里发现一些被遗弃的公共自行车，这些自行车长期流浪在外，受损程度已经无法修复，锈迹斑斑，根本无法再继续使用。

据调查显示，某地的公共自行车自从正式运行以来，一共丢失了三百多辆，近一百辆报废，自行车的维修频率更是高达两千多次。

后来，为了确保某地公共自行车的正常使用，能够骑得更久、跑得更远，某地公共自行车的管理公司，在每一个公共自行车租赁站点处，安装了监控探头，以杜绝再有市民故意破坏、私自占据公共自行车以及损坏刷卡设备等现象。

沦落到用监控设备来监督个人的行为，不能不说是一种悲哀。

由于公共自行车是公共资源，每个人都有使用的权利，这就必然会产生经济的外部性，导致个人成本与社会成本不一致，个人收益与社会收益的差异。而当社会成本大于个人成本时，就会出现负外部性，其具体表现就是公共设施被破坏。

公共资源明显地具有非排他性和消费的非竞争性。所谓非排他性，就是公共资源不排斥任何人的使用，在你消费某种公共资源时，不能阻止其他人的消费。而非竞争性是指消费的成本为零，每个人对公共资源的使用，都不会牺牲他人的利益。这就使得公共资源为社会大众提供了共享的福利，消费者不需要向任何人支付费用，因此人们为了个人利益常常毫无节制地对给公共资源进行占用，导致资源被破坏。

值得一提的是，在2009年，奥斯特罗姆凭借一本名为《公共事物的治理之道》的著作，成为历史上第一个获得诺贝尔经济学奖的女性。在书中，她分析和研究了“公地悲剧”等理论，为面临“公地悲剧”选择的人们提供了新途径，提出了如何管理公共资源的理论，为公共资源的可持续利用提供了制度基础。

第二章 Chapter 2 感情的非理性：为什么秀恩爱需要成本？

白马王子是抢不到的

从前，有一个公主，她像雪一样白，美丽又善良，大家都叫她“白雪公主”。她的母亲在生下她之后就去世了，于是她的父皇又娶了一位漂亮至极的新皇后。新皇后有一面魔镜，可以知道世界上最美丽的人是谁。每当新皇后问魔镜谁是世界上最美丽的人时，刚开始镜子每次都会回答是皇后，然而当白雪公主长大之后，镜子却开始改口说白雪公主才是世上最美的人。心胸狭窄狠毒的新皇后不允许世界上有比她更美丽的人，便让猎人去杀公主，猎人不忍心便把公主放了。

白雪公主逃进了森林，迷路时被七个小矮人收留。皇后知道白雪公主没死，想尽办法去杀她，前两次都没能成功。终于在第三次，皇后变成一个老婆婆，送给白雪公主一个毒苹果，将她毒死了。

小矮人们把公主放在一个水晶棺里。一个骑着白马的英俊王子路过森林，被白雪公主的美貌吸引，在得知白雪公主的经历后，爱上了她，情不自禁地吻了她一下。这时，奇迹出现了，白雪公主苏醒了。在王子的真情感动下，两个人幸福地生活在一起。这就是著名的“白雪公主”的故事。

每个女孩子心中都有一个白马王子。甚至有人放言，要是能遇上白马王子，哪怕当坏人、做小三也要把他抢过来。

可白马王子实在是一种太过稀缺的人。其实不只是人，很多的物品、资源都很稀缺，而稀缺性正是经济学的第一原则，所有的经济学理论都基于这个原则。

著名经济学家张五常说：“凡是人愿意付出或多或少的代价来争取多一点的物品，都是缺乏的、不足够的，那就是经济物品了。”

在经济学里，有个很古老的问题：为什么钻石比水贵？按照用途和重要性来说，钻石根本无法和水相比。水是人类赖以生存的必需品，任何生命活动都不开水，一旦没有了水，人类就无法生存；而钻石只是一种装饰物品，即使没有钻石，人们的生活也不会受到任何的影响。那么为什么钻石会如此昂贵呢?

给我们解答了这个疑惑的是经济学的开山鼻祖亚当·斯密，他认为原因很简单，就是因为稀缺性。老话说“物以稀为贵”，稀有的东西一定程度上是地位的象征。因为钻石很稀少，所以人们愿意出很高的价钱。水虽然是生命之源，但到处都是，人们可以很轻易地得到它，自然就不值钱了。同样的例子还有空气，对人虽然重要，却无法成为稀有品，因为它随手可得。

其实不仅仅钻石具有稀缺性，只要是人们想要但供应却有限的物品都具有稀缺性。

经济学上有一个经典稀缺性资源案例——依云水。

法国大革命时期，一个贵族患上了肾结石。当时都流传说，喝矿泉水能够消除结石，这位贵族决定试一试。

有一天，他到附近的一个小镇去散步，取了一些来自一座花园里的泉水，觉得水质甘甜，很是喜欢，便坚持饮用。一段时间之后，等到这位贵族再次去医院检查时，他惊奇地发现自己的病痊愈了。

这件奇事被迅速传开，不少专家闻听之后，专门来此对泉水做分析，最终证明了这里的泉水确实有医治结石的功效。从此以后，各地的人们大量涌到了这个小镇，亲自体验泉水的神奇，医生们更是将它列入药方。

但是泉水并不是可再生的，如果谁都能随便饮用的话，就没人珍惜，那么泉水很快就会枯竭。这时花园的主人看到了商机，他决定将泉水用篱笆围起来，并开始出售泉水。

当时的统治者拿破仑三世和他的皇后对小镇的矿泉水非常喜爱，情有独钟，1864年为这种泉水正式赐名为依云水（这个名字来源于拉丁文Evian，本意就是水），并将小镇命名为依云镇。一时间，小镇上人来人往，名流云集，每天更是有大批的人前来购买依云水。

全世界97%的水是咸水，只有3%的淡水来自地球南北两极的冰山融化，其中能够供人直接饮用的只有不到1%，而依云矿泉水共占据了其中的0.00000004%。光凭这一点，它在全球就拥有超过10%的市场占有率。

其次是产地的唯一性。依云水的源头来自阿尔卑斯山脉。阿尔卑斯山是目前世界上少有的无污染地区，海拔2000米以上的山区常年平均气温都在零摄氏度以下；到了海拔3200米以上的山区，则终年积雪，有着丰富的没有被污染的水资源。这种地域的唯一性和独特性，造就了产品的唯一性和独特性。不是所有的矿泉水都能产自阿尔卑斯山，稀缺正是它的优势。

再者，依云水中蕴含着丰富的纯天然矿物质，对人体有益。而且，当地人靠水吃水，以此为生，为了保护水源的纯净，不受污染，依云矿泉水水源地周围村庄的人民组成一个协会，出资保护土壤，鼓励多植树，尽量不使用化工产品。

最后，依云水不仅可以喝，还能够美容。它可以有效地补充面部水分，让皮肤保持湿润，而且还能够清除脸部皮肤的脏东西。长期饮用，可以让你的皮肤变得光滑有弹性，整个人看上去精神百倍。

至今，整个小镇的财政收入大都和依云水有关。

特仑苏牛奶有一句经典的广告宣传语“不是所有牛奶都叫特仑苏”，一句简单的广告词就道出了为何特仑苏牛奶价格如此高昂的原因。因为特殊，所以稀缺，因为稀缺，所以珍贵。

同样有很多商家在稀缺性上做文章，没有稀缺就创造稀缺。

因为原材料的难得、需要远洋运输，以及产品高品质的制作工艺复杂、耗时耗力，所以品位高一些的提包、纱巾之类的著名品牌商品都极为稀少。但是除了商品本身短缺的原因以外，还有很大一部分原因是商家为了盈利在做饥饿营销。有意地限制供应量来保持市场的需求和长期盈利，比如让人又爱又恨的香奈尔，它的每个限量款都牢牢抓住了顾客“物以稀为贵”的消费心理。

在日本，创造稀缺一直是街头时尚品牌的营销策略。比如东京有一家经营英国滑板的品牌店——赛拉斯和玛丽亚，这家店里有一个奇怪的规定：每次只能进20个消费者，其他的顾客必须站在门外等待。等到上一批消费者离开之后，货架上的产品就会被重新更换，然后下一批顾客才可以进入。这种感觉就好像身在展览馆里，即将看到举世无双的珍宝一样。这种罕见独特的营销方式，使得这家店客如云来，声名远播。

其实很多商家的成功关键，就在于如何让一件标着天价的商品变得炙手可热。一件商品要想卖得好，除了产品本身的质量之外，还要善于搞噱头。要知道，如果一件衬衣它只在仅有的几家商店出售，而且是限量出售，并且能够为你量身定做，让你的衣服独一无二，那么即使这件衣服要花掉你半年的工资，我想你也会心动吧。

在经济学里，稀缺被用来描述资源的有限可获得性，如同抢不到的白马王子一样，人的欲望是无穷的，但资源是有限的，相对于无限的欲望，有限的资源就叫稀缺。

为什么癞蛤蟆总能吃着天鹅肉

在生活中，我们经常能看见这样的情况：一个长得不怎么样的男人会有一位长得非常漂亮的女朋友；或者一个长得不咋地的大胖妞挽着的是一个又高又帅的男生。通常，我们会愤愤不平地把这种情况称之为"癞蛤蟆吃到了天鹅肉"。

这种现象屡见不鲜。那么到底为什么癞蛤蟆总能吃着天鹅肉呢？我们来做一个假设：一个优秀男和一个普通男共同追求一个美丽的女生。普通男自知无论长相、能力还是经济实力都比不上优秀男，所以他只能孤注一掷，态度非常积极，追求攻势极其猛烈。而优秀男因为自身条件优越，不必强求某一人，就抱着可有可无的态度，所以虽然他也很喜欢美丽女，但碍于面子，也由于自恃实力雄厚，所以追求起来就内敛一些。

这样一来，就算美丽女喜欢优秀男要远胜于普通男，但是因为她只能凭借对方的行为表现来评判对方爱恋自己的程度，优秀男的行为举动让她没办法给自己肯定答案，再加上女孩子自尊心理作怪，只能被动接受普通男。

说了那么多，看似很复杂，道理其实很简单，这里面包含了两个经济学原理：

一是先动优势理论。

在市场营销中，“先动优势理论”多用来解释在市场竞争中，先进入市场者相比后进入者存在着竞争优势。

商场上常讲一句话：先下手为强，后下手遭殃，“捷足先登”是商场赢利的一大原则。苹果手机就是一个典型的例子。

最初，苹果公司率先研发了iPhone手机，刚开始定价为599美元，但是不到三个月就把价格降低了两百美元，这样就使那些潜在的竞争对手陷入了两难的境地。虽然手机市场的前景很好，商机很大，而这时的iPhone已经有了品牌效应，要想抢占市场，售价只能低于iPhone的价格，但是这样一来就无利可图了。那些潜在的竞争对手只能有钱赚不得，眼睁睁看着苹果公司独占鳌头。

这便是先动优势。

再举个例子。每年过年，看中央电视台春节联欢晚会，已经成为中国人过年的一个不成文的习俗。同时，这台晚会所带来的收益也成为央视的一个重要收入来源。巨额的广告收入让各地卫视和一些网络视频软件纷纷效仿，但是在晚会的时间安排上却让人犯了难。如果也定在大年三十，那无异于蚍蜉撼树；如果放在其他时间段，先不说效果怎样，关键是已经没有了当时的气氛。无奈之下，大多“聪明”的电视台就选择了安排在阴历年的前一天，但效果肯定不如央视春晚了。

在前面的故事中，优秀男因为自身的优越感而选择了含蓄地静待，而普通男则把握住机会，抢先进入“竞争市场”，占据绝对优势，并且一直在主动出击。可以说，在这段感情的争取中，各方面实力稍逊于优秀男的普通男，深谙先动优势理论的作用，最后获得了成功。

其二，便是由2001年诺贝尔经济学奖得主乔治·阿克洛夫提出的“柠檬市场”理论。乔治·阿克洛夫的论文《柠檬市场：质量的不确定性和市场机制》，被认为是现代信息经济学的开山之作，奠定了“非对称信息学”的基础。

这篇论文的大意是说：面对质量不确定的商品市场，如果运气好买了一件好东西，就说是买到一个“布林”（美国人爱吃的一种黑色水果，又称美国黑李、美国李）；如果你运气不好，买了一件不好的东西，就说是买到了一个柠檬（柠檬味酸，美国人不喜欢吃，而且在美国非常常见，通常只用来做菜品的点缀）。

在美国俚语里，柠檬表示“次品”或“不中用的东西”，所以柠檬市场也叫作次品市场，乔治·阿克洛夫称之为“信息不对称的市场”，即在这个市场中，卖方拥有比买方更多的信息。在论文中，他举了一个二手车市场的案例，并指出，在二手车市场，显然卖家拥有的信息比买家拥有的更多，两者之间的信息是不对称的。所以买家不会相信卖家所说的，为了规避风险，尽量减少损失，买家唯一的办法就是压低价格。而买家过分压低价格，卖方也就不愿意提供高质量的产品，从而导致低质品充斥市场，高质品被逐出市场，最后导致二手车市场萎缩。

假设有两个卖鞋的店铺，一个卖的是真品，一个卖的是假货。由于假货的成本低，因此它的价格要比真品便宜很多，利润却高于真品。

但是对于买家来说，由于严重的信息不对称，无法辨别真伪，所以价格就成了其购买时考虑的首要因素。如果你是买家，在无法判断质量好坏的情况下，自然会青睐更加便宜的那一家。所以伪造品会比真品卖得好。

在这种情况下，卖真品的店主面临着两个选择：要么关门不做，要么也改卖伪造品。我想不用多说，他也会选择第二条路。

虽说便宜没好货，但是现今的市场上仿制品和劣质品盛行，有时候你花高价买到的所谓“正品”，也有可能不是真的。所以由于信息不对称，消费者不能很好地分辨商品质量的好坏，但是价格的高低却是显而易见的。为了防止被骗，很多消费者都是选择价格低的产品。

那么，如何减少信息的不对称？

在信息社会中，因为信息的不完整和不对称，人与人之间就需要通过沟通来获取信息。因为你无法分辨信息的真假，只能把希望寄托在提供信息的人是否诚实上，通过判断对方是否诚实来间接地解读对方所提供的信息的真伪。所以，充分有效的沟通是消除信息不对称的最重要的方式。

其次，打品牌战略，要树立商品的声誉。其实说到底还是诚实的问题，就是要用信誉作担保，消除消费者由于信息不对称而产生的疑惑，减少消费者的风险成本，让消费者感受到物有所值甚至物超所值。

你为什么找不到女朋友

萧伯纳曾经说过：“经济是充分利用人生的艺术”，那么反过来看，人生有许多有趣的现象也可以用经济学来分析。

一位男士生活顺遂，事事如意，就是单身多年，苦于找不到女朋友。男士是一名“海归”，条件好，样貌好，自视过高，因此对女朋友的要求自然不低。正是这样的高眼光，使得即将三十而立的他，还是一个单身汉。

后来，在父母的催促之下，男士终于被迫降低了求偶的标准，在一次相亲会上终于成功牵手了一位眉清目秀的女士。

两人交往之后，关系迅速升温，不久就结婚了。婚后，有一次女士无意间问起：“你的条件这么好，怎么之前找不到女朋友呢？”男士不假思索道：“还不是因为我的眼光太高。”

女士听了，非常高兴：“那你现在都跟我结婚了，说明在你眼里，我条件不错啊，看来我很荣幸啊。”

男士没有回答，只是默默在心里吐槽：不，你的条件勉强才能及格好吗。是我把择偶标准降低了，跟你没有任何关系。

看到上面这个例子，不知有多少男士中枪了呢？你还在哀号自己找不到女朋友，还在责怪女生没眼光，太现实吗？不要一味在别人身上找原因，其实很大一部分原因在你自己身上。

在日常生活中，面对同样功能的商品，更多的人会选择定价比较低的那一个，爱情中同样如此。在感情方面，如果你把自己抬得太高，就会出现曲高和寡、无人问津的局面；只有降低要求，正确定位自己，才能找到理想的另一半。这和商品市场中的定价策略有异曲同工之处。

定价策略是市场营销中一个十分重要的组成部分，价格是影响交易成败的最关键因素，同时又是市场营销组合中最灵活、最难以确定的因素。为了自身的效益，生产商都希望将价格往高了定，但是如果价格太高，就鲜有顾客光顾。那么如果要促进销售业绩，得到高利益，就要求企业既得考虑成本的支出，又要考虑消费者的购买能力、能接受的价格范围。因此，定价策略必须要符合买卖双方的共同利益。

比如在二手车交易市场上，会出现这种情况：性能好、质量高、牌子好的高档二手车很难卖得出去，而那些品质不怎么样、质量一般般的二手车反而销量更好。

出现这种情况的原因是，一般来说，高品质的二手车要价高，而低品质的二手车要价低。所谓“内行看门道，外行看热闹”，由于买家大多是外行人，不懂得如何辨别汽车质量、性能的好坏，只会看二手车的成色和价钱，只会按照他们心目中旧车的状况来出价。而那些高品质二手车的卖主知道自己车的市价，了解车的性能，不愿降低价格，把价格提得很高。这样一来，那些高品质的二手车就无人问津了。

价格一旦定得过高，就会无人理睬。相反，只要价格定位合适，顾客就会争着抢着把钱送给你。

20世纪90年代，当索尼首次把高清晰度的彩色电视机推向日本市场时，定价为40000美元。但是能够负担起这种高价格的顾客少之又少，因此这件高科技产品虽然看的人很多，但是购买的人很少。

为此，索尼不断降低价格，到了第三年，彩色电视机的价格降到了6000美元。而到了本世纪初，彩电的价格大多数人都可以接受了，顾客只需要花费2000美元就能够买到一台40英寸的高清晰彩色电视机。索尼也获得了最大限度的利润。

价格是商品价值的货币表现。产品定价是一门艺术的学科，为产品制定一个合适的价格，是每一个企业都面对的问题。对于商品的定价并不是成本加利润那么简单，它要考虑诸方面的因素，比如市场需求、顾客消费心理、同行竞争等。产品的定价应该多方考量，要在最大限度保证企业利益的前提下，又能符合市场需要，被消费者所接受。

即使现在经济飞速发展，人民生活水平逐渐提高，但价格仍然是影响市场接受程度的主要因素，它仍然是决定产品命运和企业生存的一个重要筹码。在营销经济中，唯一能创造利润的变数就是价格。因此，企业经营者必须掌握定价的原理、方法和技巧。

奥克斯空调是我国国产空调中的领头羊，它的生产厂家是宁波三星集团的下属子公司，1993年，该公司与美国奥克斯集团合资，进入空调市场。

最初的奥克斯空调，打着“国产的高档机”这一口号，把自己的路线定位成“优质高价”。但是这一定位并没有得到顾客的响应，奥克斯空调没有获得大的发展。

从1996年起，奥克斯空调开始改变原有的定位，把定价降低，开始走优质又平价的路子。21世纪初，奥克斯空调就拉起了降价的大旗，发起了一系列降价活动，主要包括：

2000年3月，奥克斯空调第一次打出优质平价的口号，在成都挂出“1.5马力空调跌破2500元生死价”的条幅，最大降幅达到25%。

2001年4月，对市面上主流的40多款机型进行全面降价，最大降幅达到30%以上。

2002年4月，又把公司主要推行的16款机型全面降价，其中包括1马力和1.5马力的变频空调，降价幅度达到26%。

2003年4月，所有机型全部进行降价。据统计，平均降幅达到30%，更有单款机型最高降价2000元。

事实证明这一决定是正确的。正是这一举动，让奥克斯空调从一个默默无闻的区域品牌，变得声名鹊起、家喻户晓。奥克斯空调也被冠以“价格杀手”的称号。

从此以后，奥克斯空调的销路大增，业绩蒸蒸日上。相比于市场上高品质高价格的琳琅满目的各式空调品牌，低价的产品市场最大，因为大家都用得起，更容易为大众喜欢，并且会让顾客产生物有所值，甚至物超所值的感觉。

如何给产品定价是一门高深的学问，就如同怎样才能找到女朋友。

无论是市场还是感情的竞争中，给商品或是给自己定的价格，都是不断在修正的，都受到供求关系的影响。在定价的时候，既要保证自己能得到基本的利润，又不能把自己抬得太高，要知道，高处不胜寒。做到这两点，还愁找不到女朋友吗？

孤男寡女其实是一种浪费

随着经济发展，思想的解放，社会上出现了越来越多的单身主义者，他们不谈对象，不结婚，一个人生活。孤男和寡女，就是擦不出爱情的火花。

同事中就有这样一个人，准确来说，他应该是个单身主义者。都三张开外的年龄了，父母都急得心急火燎的，人家依旧是个独行侠，不急不躁，我行我素。

有人说："谈恋爱太费钱了。有了男/女朋友之后，出门约会，看电影、逛个街都要花钱，吃饭也不能将就，要到外面餐馆吃，一顿就小几百。逢年过节的，更是不得了，随随便便送点小礼物，搞点小浪漫就得大半个月工资下去。更别说谈婚论嫁了，光是礼金就要了半条命，多浪费钱啊，单着多好啊。"

你以为单身就能省钱了？太天真了，要知道，孤男寡女才是真正的浪费。

既然越来越多的人标榜自己是“单身贵族”，那么单身一族“贵”在哪儿？贵在生活成本。

这种“单身贵族”往往是各种产品和服务的消费者。比如单身女性，生活中的一些小问题，诸如门锁坏了、马桶堵了、灯泡坏了之类的，她们无法独立维修，只能花钱请工人来做。而单身男性，大多不善于做家务，像一些做饭、洗衣服、拖地、整理收纳之类的家务活，有时候都应付不来，只能雇保姆或者请小时工。

并且因为独身，不用投资另一半，不必留出感情费用，没有后顾之忧，因此在对待自己喜欢的事物上就会格外大方。与其他阶层相比，他们更有花钱的激情和冲动，只要东西够有趣、自己喜欢，他们就会变成最豪爽的人。所以对于商家来说，他们是最理想的顾客。

这种孤男寡女式的生活方式正在各个产业蔓延开来，主要特点有两个：一是消费自主性高；二是极度要求便利。他们渴望独立而快乐的单人时光，认为不婚、不生也没什么不好，情愿把时间与金钱投资在自己的梦想或嗜好上。他们一个人旅游、一个人吃饭、一个人逛街、一个人看电影……一个人的生活，正在创造出一个人的经济潮。

意大利曾经做过一项关于家庭平均消费的调查。一个普通的意大利家庭，家庭成员从两人到五人不等，平均每人每月消费是187欧元，而一个人生活的平均月消费达到320欧元，整整多出了71%。前几年，英国也做过相同的调查，结果表明：已婚人士一年的总支出要比独身者少了5000多英镑，一辈子独居的人要比已婚的人多花25万英镑。

国内也曾做过此类调查，情况大体相似。原因很简单，已婚家庭里的家务清洁有免费的人去做，一日三餐也不需要多花钱，只要对食材进行加工，只需付原材料的钱。但是单身人士，却只能外出就餐，或者点外卖，把昂贵的快餐作为食物，不仅被“剥削”了原料费，还付出了近一倍的人工费。而且对于一份重量相同的食物，比如一个西瓜，一锅米饭，已婚家庭一顿饭就可以全部解决，单身族却只能吃掉一小部分，剩下的几乎都浪费掉了，从而成本大大增加。

由此可见，单身生活成本更贵更浪费。但对乐在其中的单身族来说，他们在乎的是自我感受。

当然，也有很多人不是主动成为孤男寡女的，那些迫于无奈被动成为单身者不喜寂寞，更是渴求脱离单身。这些人所需要的成本就更多了。

这种想要脱单而不得的单身人群，在生活和工作之余不免会感到寂寞。那么如何排解这种寂寞心理，便引发出了所谓的“寂寞商机”。

首先就是各种宠物行业的兴起。尤其是单身女性，由于天生母性使然，她们对小猫小狗之类的宠物情有独钟。据美国动物医院协会报告显示，人们领养宠物并且把宠物作为自己孩子的比例，从20世纪末的28%逐渐升高到如今的83%。

宠物已经在不知不觉中成为单身人士生活里的重要成员。而宠物市场也已形成了一定的规模，比如各种宠物衣服、宠物食盒、宠物美容、宠物配对，甚至连宠物殡葬业也被各大商家“占领”。我曾见过一位三十岁左右的单身女士带着狗狗去宠物店做造型，一个简单的修毛就花费掉近千元。

其次就是相亲交友机构。数据显示，我国各种网络婚恋交友网站的总收入加起来已经接近30亿元。中国最大的婚恋交友网站——世纪佳缘，注册用户高达1.2亿，它的一份调查报告显示，不经考虑就购买奢侈品的单身消费者占总单身人群的30%，这简直让人吃惊。

另外，近年来单身公寓也逐渐走进大众视线。一家报纸上曾报道，在杭州有一片单身族的群居地，几个八零后的年轻人在那儿租下了5000多套公寓，经过一些精装或简装的装修，以“单身公寓”的名头推销出去，一时间火爆异常。而现在，北京、上海、深圳等大中城市的“单身公寓”已经变成了一项非常红火的事业。

对商家来说，满足单身族群的消费心理是一项庞大的商机，为了尽可能挖掘这一群体的消费潜力，几乎所有的行业都参与了进来。

家电、娱乐、餐饮、住房、生活用品、旅游，各行各业都能看见单身的“痕迹”，聪明的商人借此大做文章，各种适合单身人士使用的小型家电、餐厅的各种单身座位都应时而出。单身人士见到这些量身定制的产品自然喜不自禁，趋之若鹜。

由此看来，孤男寡女实际上是对个人生活成本的一种“浪费”，但不可否认，这也是一种新型经济消费模式。

用经济学知识分析校园爱情失败的真相

我们都渴望有不考虑物质、不勾勒未来的恋爱经历，但是感情一旦被放到社会的托盘上称量，那么指针便会受各种因素的影响，摇摆不定。

前段时间播出的青春爱情电视剧《微微一笑很倾城》是一部非常不错的作品，收视和口碑双收。这部电视剧讲述了这样一段大学校园爱情故事：计算机系系花学霸贝微微与校草级大神帅哥肖奈在游戏中偶然相识，而后在现实中见面，产生了一段线上到线下、虚幻到现实的温暖美好的爱情。相比去年的《何以笙箫默》，这部电视剧中的爱情更加温情、平淡，而且更加美满，没有波折。在这个开学的时节，勾起了无数步入大学生活的学子们对爱情的憧憬。

每个校园场景都是那么熟悉，女孩坐在男孩自行车的后座，一遍又一遍在校园里游荡，洒满青春与汗水的篮球场和操场，嘴上嫌弃难吃却又总是忍不住跑去吃的食堂，还有书香满溢的图书馆，每一处都充满着浪漫的气息。男女主上个课，吃顿饭，跑个步，都仿佛开出无数的粉红泡泡，让身在屏幕外的我们分分钟被甜到。这种感觉就像是吃着口感湿滑甜腻的雪糕，像是喝着一杯冰冰凉凉酸酸甜甜的柠檬汁，像是夏日里教室里盘旋的电风扇，像是窗外的蝉鸣声，宁静而又美好。

哪个女孩子在青春年少时没有幻想过遇见一个温润如玉的翩翩公子，穿着干净的白衬衣，逆着光影缓缓走来，个子高挑，样貌清秀，看着自己的眼神像大海一般深邃而温柔。这便是我们所能想象的校园爱情最好的样子。

在这个夏天即将结束的时候，看到这样一个纯净甜美的校园爱情故事，无疑给带着凉意的初秋送来了一丝暖意。

这部充满了学生时代的青春气息的电视剧，看完之后让人有一种谈恋爱的冲动，不由得让人想起那些年自己那段纯纯的懵懂的爱情经历。

故事的最后，主人公毫无意外地走到了一起，生活幸福美满。但我们如果这样假设一下：男主角肖奈是一个穷小子，没有创业成功，或者女主角贝微微只是一个非常平凡而且很现实的女孩，那么还会是这样的结局吗？毕业之后的他们还会在一起吗？

有一位读者，就称呼她为A吧，在她的来信中向我讲述了自己的经历，并提出了一个疑问：为什么校园爱情一遇到毕业就会面临分手呢？校园爱情失败的原因是什么？

A从小就是父母眼中的好孩子，老师眼中的好学生，一直都听父母的话。做一个乖乖女，即便从高中时就收到了很多情书和表白，但是由于父母不允许早恋，她都一概拒绝了对方。

进入大学以后，父母对她的要求放松了很多，不再限制她谈恋爱，然后她就遇见了她的初恋。

她和男朋友B是高中的校友，在缘分的安排下考入了同一所大学，然后他们就和大部分的大学情侣一样，在陌生的环境里相互照应，并迅速发展成为恋情。

两个人的故事里并没有一见钟情、再见倾心的俗套情节。反之，在高中时期两个人并没有过多的交集，他们两个每天都埋头苦读，仅限于在平时考试的前后位以及校园偶遇的时候互相点头问好的关系。

大学开学的前几天，A突然收到了B发来的好友申请："你好！我是B。我和你考上了同一所大学，以后相互关照。"这条消息成为他们真正熟悉的开始，于是他们开始相约见面，一起搜索去学校的乘车方式和路线，互相提醒报到时要携带的物品证件，讨论军训会有哪些内容……在这些琐碎的时光中，两个人的情感也随之渐渐升温。

当第一次离家，拉着行李箱，到达学校时，A突然意识到，在这个繁华而又陌生的城市，身边唯一一个熟识的人只有B了。

刚进入大学的日子里，两人依旧保持着朋友的关系，直到开学一个月后的一个周末，一件事情变成了两人情感的转机，促使两个人尝试着走到了一起。

那天军训刚刚结束。由于B当选了班长，正在忙着整理同学的名单，A为了不打扰他，独自乘公交车去购买一些生活物品，可是从小在父母呵护下长大的她，根本没有一个人独自出门坐车的经历，初来乍到的A坐错了方向。没有方向感的她迷路了，一个人茫然地徘徊在繁华的上海街头。

络绎不绝的车辆、川流不息的行人，车水马龙的陌生世界让她感到从未有过的孤独。于是当B匆忙赶来，在人群中呼喊她的名字的时候，

A的泪水再也无法抑制，扑进了他怀里。那一刻她有了一种强烈的归属感，所以当B说“我们在一起吧”的时候，她抽泣回答“好”，没有任何的犹疑。

在一起之后的两人非常恩爱，像所有热恋中的小情侣一样，牵着手漫步在校园里，就算一句话都不说，就那么安静走着，都能感觉到甜蜜。

三年多的时间转瞬而过，他们迎来了大学生涯的最后一个学期，也即将迎来毕业的分离。

他们两个从未想过分手，早已经打算好一起留下来打拼。最后一学期是实习期，A和B都找到了一份不错的实习工作。开始实习的他们变得非常忙碌，逐渐不能在一起吃饭、不能在一起学习，只能偶尔给对方打通电话。

原本每天都有的约会变成了每周一次，于是这一天就变成了A每周最期盼的一天。B非常守时，如果偶尔晚到了一会，一定是准备了小惊喜。但是渐渐地，B会因为工作忙的原因不能赴约，即使赴约，往往也会在接到一个电话之后就提前离开。两个人渐渐地从每天第一件事互相道早安，晚上互道晚安，互相报备今天的趣事，变成了只有遇到重要的事情才打电话，已经无话可说。

两人的感情最终走到了尽头，A走到了一个大她三岁、家底殷实的男人身边。

据相关统计，大学生谈恋爱，双方分手的比例很高，有超过七成的大学生情侣会在毕业后选择分手。那么为什么曾经立下山盟海誓的学生情侣一旦脱离校园就劳燕分飞、各奔东西？

这里，我们就从经济学的角度来谈谈。

一、不完全竞争。市场经济与校园爱情，这两个概念看似没有关联，实则关系匪浅。其实爱情就是一个“高度垄断的不完全竞争市场”，爱情就像商品，也存在高度的差别化，存在潜在的竞争者。但是学校里面人数有限，潜在竞争者少，恋爱市场接近于垄断竞争，而且大多数大学生谈恋爱带有着强烈的尝试情结，他们把谈恋爱当成补课，为了弥补中学时代的遗憾，为以后积累经验，不会考虑金钱、地位、名气等功利性因素，因此校园里的恋爱对象并不是最优的选择结果，所以分手的概率就大。

二、边际效用递减规律，意思是“随着人们消费某种物品或劳务量的增加，新增加物品或劳务的总效用的增量是逐渐减小的”。打个比方，给你一个新鲜的苹果，你吃完之后，会觉得异常香甜，但是如果让你天天吃，时时刻刻吃，第一个你会觉得好吃，第二个、第三个你会觉得味道还好，等到了第七个、第八个，你就味同嚼蜡了，再吃估计就吐了。

校园爱情也是这样，时间会消耗对爱人的激情，冲淡对爱人的新鲜感。

三、机会成本。简而言之就是为了得到某种东西而放弃另一种东西。校园是一座象牙塔，大学生谈恋爱的成本很少，只要花费少量的时间和金钱，这样的恋爱机会成本几乎是每个人都能承受的，这也是校园爱情泛滥的重要原因之一。

然而，毕业后的成本就大有不同了。你也许要为了对方放弃一份前途光明的工作，可能错过对你而言的最佳恋爱对象，可能要花费大量的时间跟金钱在交往上而错失了晋升的机会，等等。

这种时候，大多数人都会选择分开，各奔前程。

我想，这就是校园爱情失败的真相。

女大学生为什么会“急嫁”

每到毕业季，当高校毕业生拿着简历奔走于各个招聘会之时，我们往往都能看到一些女大学生并不忙着找工作，而是将精力都放在了找结婚对象上。

我亲戚中的一个小辈，今年大学刚刚毕业，与众多各种投简历的姑娘不一样，她可谓是两手抓两手都要硬，不仅面试工作，还“面试”结婚对象，甚至把大部分时间都花在了相亲上面。在离毕业还有好几个月的时候，她就已经在网上发各种帖子，在各种征婚网站上发布自己的信息：“未婚，女，22岁，大四在读，所在学校……专业……觅25岁左右‘四有男人’……”

所谓“四有男人”即有房有车，有钱有业的男性。

不仅如此，她还发动自己身边所有资源，各种牵线，就为了能找到一个有能力的结婚对象。她曾扬言“找不到好工作就要找一个好老公，坚决不过苦日子”。用她的话来说，找工作也是为了过上好生活，而且找到工作了也不一定就能过上好日子，还不如一劳永逸，趁现在年轻貌美直接找一个有钱的对象，既不用担心能力不够会失业，又能过上舒适的生活，一举两得。

“四有男人”一般都是事业有成，人脉广的成功人士，他们不仅拥有财富和地位，还拥有价值较高的关系网。如果能够嫁给一个“四有男人”，女大学生就可以依靠裙带关系，更加容易进入职场，有获得好工作的机会。调查表明，80%的用人单位会优先考虑亲戚朋友和领导层推荐的大学毕业生。因此，女大学生通过与“四有男人”结婚，可以共享到他们的资源，获得比自己盲目求职还要多的就业机会，且耗时更短，质量更高。

我想这就是大多数女大学生急嫁，产生“毕婚族”的原因。

女大学生急嫁其实是她们规避失业风险的一种途径。

大学毕业后，为了收回教育成本，女大学生主要通过两种方式——就业和嫁人。然而，我国女性的就业形势并不容乐观，针对女性的就业歧视仍然存在。调查显示，我国全国毕业生中，女大学生的就业签约率仅为30%。65%的女大学生认为，自己求职上的最大问题就是用人单位的性别歧视，37%的女生承认在求职中有多次被拒绝的经历。这些数据意味着，对于女大学生而言，长时间高昂的教育投资并不一定能够找到高收益的工作，回报远远小于成本。

比如，法律规定，无论男性还是女性，如果做的是同样的一份工作，那么他们的酬劳也必须相同。面对这项硬性规定，大多数的企业在不违反法律规定，又能够追求利益最大化目标的前提下，他们常常选择不雇佣或尽量少雇佣女性职工，而这实际上提高了女性就业的门槛，加重了女性的就业压力。

而且天生的身体条件注定了女性可选择的职业范围没有男性广阔。女性的体质较男性偏弱，不适合从事技术性太强、过于消耗体力的劳动。此外，女性的自我保护能力也不强，不能从事风险较高的工作，更需要关注自身的生理健康与人身安全。在如此严峻的就业形势下，对于急于找工作的女大学生，她们的就业心理压力明显高于男性，这就直接造成了女大学生求职的困难。

在就业形势的不乐观、根深蒂固的就业歧视、女性身体原因造成的就业困难等因素影响下，选择不就业来规避失业、以嫁人代替就业就成为某些女大学生毕业之后的选择。一旦嫁了一个起点高的丈夫，不仅能避过就业的麻烦，还能省去很多奋斗，过上舒适的生活。

我曾经接待过一个女性客户，给她解答求职中的困惑。

那位女士是名校毕业，受过良好的高等教育，而且成绩优异，她的履历表让许多男性都望尘莫及，在我看来，这样的人才应该被各家企业争抢才是。

然而事实是，她在求职期间四处碰壁，那些薪水很高的公司不肯给她机会，她能找到的工作都是付出与回报不成正比，只能维持基本生活。

她说，她在面试过程中发现，很多面试官都会问她的婚姻状况，比如是否单身、有没有男朋友、打算什么时候结婚等。有一家公司甚至在得知她还没有结婚后直接跟她说公司不要单身的女性，只聘用生过孩子的女性。其实有很多公司都是这样，不聘用那些刚毕业的单身的女大学生，就是怕员工将来请婚假，请产假，耽误工作进度，影响公司效益。

虽然现代社会都在号召男女平等，但是在众多的招聘信息中，我们仍然可以看到类似“招男不招女”的条件限制，或者明明写着不限男女，但是最后在应聘时候，还是把男性作为首选。

据调查，在就业时受到过不公平对待的女性高达80%，导致这一现象的原因其实只有一点，就是任何一个企业招工时都是秉承着企业利益最大化的原则。

在看待这个问题时，就不得不从经济学的原理来阐述。

首先，因为女性生理上的弱点，如果用人单位聘用女性员工，所付出的成本支出远远要超过雇佣男性的成本，而且还需要用人单位对女职工做出一些特殊保护，比如对于怀孕的女职工，不能安排她加班，还要给她休产假，这样就使得女性的就业成本比男性要高，在人力资源市场上的竞争力就弱。

其次，生完孩子之后，哺乳照顾孩子的重担就落在了女性的身上。女性员工在生完孩子之后，需要在照顾孩子方面投入大量的精力，例如孩子幼儿阶段出现一点小伤小痛，就要放下工作去照顾孩子；等孩子接受学前教育之后，要接送孩子上下学，要参加学校里的活动等，耽误了很多工作时间。因此在学习新知识，增长工作能力方面要比男性员工落后很多，所以用人单位普遍认为女性职员比男性职员事多，身体素质差，不利于管理，这样就使得女性的就业成本提高。

最后，女性就业还受到年龄的限制，许多工厂或者销售类的行业都明确做出规定：不接受超过35岁以上的女性。这就导致了女性员工大多只能吃几年青春饭，年龄越大，就业压力就越大。也因此使得女大学生的就业问题越来越突出。女性的失业率越来越高使得女大学生不愿意就业，产生了早晚都要失业的心理，所以才造成了女大学生急嫁的现象。

异地恋所要花费的成本

随着现代经济的迅猛发展，恋爱的方式也变得更加多元化，异地恋越来越普遍地出现在我们的身边。但是如果仔细观察一下身边的朋友，你就会发现异地恋的成功率非常低，那为什么会出现这个现象呢?

同事最近跟与他相恋五年的女友分手了，我算是他们俩一路走来的见证者，他们两个的感情一直非常甜蜜，突然分手不由得让人觉得惋惜。问其分手缘由，答曰：异地恋成本太高，谈不起。

专业病犯了的我，不由得思考起异地恋所要花费的成本问题。

这里先撇开耗费的时间和付出的感情不谈，咱们单纯从经济学角度来看看异地恋需要哪些成本。

先从沟通开始，因为深陷爱河的两个人，沟通是最重要的，总不能两个人只靠眉目传情吧。恋人身处异地，见不到面，怎么沟通？这就不得不跟中国移动、电信、联通等扯上关系了，异地恋简直就是为祖国的通信事业做出了突出贡献。不管你是什么亲情号码、情侣套餐，每个月打电话，发信息，开视频，最低也要100元吧，我这还是尽量拣少的说呢！同事和他女朋友之前每个月的话费最高峰都达到300元。这还要感谢现在无所不在的无线Wi-Fi，否则这笔费用还真是不可估计。

其次，恋爱也不能光沟通吧，不见面总不是办法啊，总得一解相思之苦吧！如果距离近的话，坐长途客车，就能解决问题，还不算贵。但是如果离得远的话，你就得坐高铁或者坐飞机，这一来一回花的钱可够一个普通上班族受的。见了面之后，你起码至少得住一晚吧。如果女朋友那边有单独的房子还好说，没有的话就得住酒店。大大小小的快捷酒店，标间也得100多吧，再想稍微有情调一点，那就得300元往上。再加上吃饭、逛街、送女朋友点礼物，不算不知道，一算吓一跳。同事几乎每个月都坐火车去见女朋友一次，这往返一趟，至少一周的血汗钱就没有了。

还有一点，恋爱总要跟节日挂钩。一旦谈了恋爱，所有的节日都是情人节，比如圣诞节、春节、元宵节、中秋节、重阳节……更不用说对方的生日、各种纪念日，还有正宗的情人节，七夕节。那过节你得有所表示吧，你得送礼物吧，不管你是本地恋还是异地恋，都是逃脱不掉的。你说什么，不送？OK，分手。

而最重要的一点，也是致使我这个同事失恋的原因，就是成家立业的问题。没房没车？对不起，女人的青春很短暂，她不可能和一个没有能力的人耗下去。因此不论是不是异地恋，只要你想开花结果，从情侣变成夫妻，一般的条件最低都是有房有车。那么，房从哪里来？车从哪里来？当然得靠自己攒钱，那么一旦谈了异地恋，钱就更难攒下来了。没有钱，那就买不起房和车，没有房和车，你想长久，简直是痴人说梦。

通过以上分析，如果再加上为了维持感情付出的时间，可以总结出至少四个成本：

第一，金钱成本。

上面已经讲过，由于“牛郎织女”长期不能相见，所以打电话、发信息是必不可少的，千万不要小看长途电话费，有时候还真不是每个人都能承受得起的，多少对小情侣就因为这小小的话费而最终分道扬镳。其次就是见面的问题，那么长时间没见面了，一旦要想见个面，那就得有一方要穿过千山万水、漂洋过海，光想想那路费心就拔凉拔凉的了。再加上见面后去找个地方玩一下，吃顿饭再睡个觉，那就不得了了。那真是一笔可观的数目啊。

第二，时间成本。

因为长期不在对方身边，存在感不够高，于是，你就不得不将更多的时间放在与对方的相处上，每天煲电话粥一两个小时算是日常任务，上班时接到对方发的信息就会放下手头的工作，立马回应。好不容易到了周末，可以好好休息，或者陪陪父母，或者朋友聚聚，结果大部分时间都被浪费在赶路上。

第三，机会成本。

首先说说机会成本的概念吧。机会成本又叫作择一成本，是指“在经济决策过程中，因选取某一方案而放弃另一方案所付出的代价或丧失的潜在利益”。

在异地恋中，为了选择和对方过周末，你可能要推掉朋友的邀约，父母的命令，甚至一些工作上的往来，会因此损失很多机会。

第四，心理成本。

因为工作问题、朋友或者家庭的矛盾，突然感到很无助，有时候我们会很想找一个人倾诉，舒缓一下心理的压力。但这个时候，你的另一半不在你身边，如果此时有人给你一个拥抱，让你依靠一下，这个时候不太理智的人就会很容易被人“乘虚而入”了。

这些成本概括起来就是经济学上的“沉没成本”，简单来说就是不可以收回的成本，比如在这场恋爱关系中付出的金钱、时间。这些都是无法回收，并且不能通过收益来补偿的成本。

对于即将或者正在异地恋中的情侣们，在此奉劝各位一句：先计算一下自己是否有异地恋的成本，否则不仅浪费金钱，还浪费彼此的青春。

第三章
Chapter 3

价格的本质：如何把梳子卖给和尚？

那些喝免费啤酒的单身汉

美国与墨西哥交界处有一个小镇，住着一群单身汉。这些单身汉酷爱喝啤酒，而且他们总能喝到免费的啤酒。这是为什么呢？

这是因为，偶然有一次这些单身汉在墨西哥境内的一个小镇上用1比索（墨西哥货币单位）买了一杯啤酒，卖酒的人找给他们0.9比索，也就是说一杯啤酒只用0.1比索。然后他们拿着找回的0.9比索来到美国边境的一个小镇，发现美元和比索的汇率是1美元兑换0.9比索，于是他们把找回的0.9比索换成了1美元。接着，他们又用1美元买了一杯啤酒，美国的啤酒是0.1美元一杯，于是他们又被找回0.9美元。等他们再次回到墨西哥的小镇上时再次发现，比索和美元的汇率是1比索兑换0.9美元，于是他们又用0.9美元兑换了1比索。然后他们再次用0.1比索买了一杯啤酒，剩下0.9比索。再然后又跑到美国的小镇上，换钱买啤酒……就这样在两国边境来回往复，他们始终都能喝着免费的啤酒。

这些单身汉之所以能这么幸运，能够在两国之间喝着免费的啤酒，是因为美国和墨西哥的汇率不同。在美国，美元与比索的汇率是1：0.9，但是在墨西哥，比索与美元的汇率也是1：0.9，正是这样的差异让这些单身汉看到了可以免费喝啤酒的奥妙。看来，这以后喝啤酒也得懂些经济学知识了。

“汇率”，又叫作“外汇行市”或“汇价”等，是一种货币兑换另一种货币的比率，简单来说就是用一种货币表示另一种货币的价格。由于世界各国、各地区货币名称和币值不尽相同，为了方便进行贸易，使同一件产品在国际上的价格相同，不出现价格差，所以一国货币要对其他国家或地区的货币规定一个兑换率。这个兑换率就是汇率。由于汇率是两种货币之间的兑换比率，所以一个国家或地区的汇率通常是由对该国家或地区货币兑换外币的需求和供给决定的。

汇率同样也是各个国家为了达到其政治目的的金融手段。汇率会因为利率、通货膨胀、国家的政治和每个国家的经济等原因而变动。因此，亨利·基辛格说：“如果你控制了石油，你就控制了所有国家；如果你控制了粮食，你就控制了所有的人；如果你控制了汇率，你就控制了全世界。”

而针对汇率上下波动的不确定，国际上也出台了固定汇率制度，即将汇率与某种货币（通常称世界货币，现在世界上很多国家以美元作为基准）保持相对固定的兑换比例。但是如果一个国家的国际收支长期处于逆差或背负大量外债的情况下，固定汇率制度也很难维持。比如阿根廷由于国内经济局势不稳定，被迫宣布放弃固定汇率制度，允许货币自由浮动之后，对美元汇率一度大跌41%。而更早之前的哈萨克斯坦，取消了该国货币坚戈的汇率波动区间限制，随后坚戈在一天之内暴跌23%。目前只有少数货币还保持固定汇率，比如港币。10多年前的人民币也是固定汇率制度。

其实汇率研究起来极其有意思，不妨先来看一个小段子：

一个美国人到中国旅游，当时美元兑人民币的汇率为1∶6.8，他用10万美元兑换到68万元人民币。用这笔钱，他在中国边逛边玩，享乐了一年，花了将近18万元。第二年，美国人决定回国，于是到银行去换钱。经过一年的时间，中国的经济增长很快，汇率升高，人民币兑美元升值到了1∶5，于是这位美国人用剩下的50万人民币换到了10万美元，兴高采烈地回国了。

而同样是出国旅游，一个中国人到美国去旅游，他用68万人民币兑换10万美元，也同样在美国吃喝玩乐了一年，花掉了2万美元。第二年回国的时候，发现人民币升值了，汇率变成了1∶5，他剩下的8万美元只能兑换40万人民币了。

同样在那两年，另一位成功的中国人利用汇率炒房，在房价战中获利颇丰：

一位中国学生要到美国读书、工作，于是他把自己在北京的房子卖掉了，卖得300万元人民币。然后他拿着这些钱兑换了44万美元。到了美国之后，正巧碰上美国房市萧条，他用这些钱在美国买了两套房子。

五年之后，这个学生学成归来。经过几年的连续下跌，美国房价在他回国那一年开始上涨。他那两套房转手时卖出了60万美元。

而中国经济当时陷入了困境，人民币币值先抬高后跌落，汇率由原先的1∶6.8升高到1∶5，继而又跌到了1∶10，留学生手里的60万美元兑换成人民币后，得到了600万元。

回到北京后，他用这600万买下了三套房子。这位留学生成功利用汇率在两国的房价战中大举获胜。

影响汇率的因素有很多，一般包括：

1.国际收支。国际收支是一种流量概念，它反映了交易过程中资本的流动。一般来说，如果一国的国际收支为顺差，即外汇收入大于外汇支出，供大于求，则该国汇率上升；如果为逆差，外汇储备减少，则汇率下降。

2.通货膨胀率。每一个国家都会有通货膨胀的情况出现，如果国内的通货膨胀率高于国际的，那么该国的货币就会贬值，外汇汇率随之上升；反之亦然。

3.利率。如果一国利率提高，外国对于该国货币需求就会增加，该国货币升值，则其汇率下降。比如，一直以来日本都把利率维持在极低的水平，因此日元成为投资者理想的套利货币，他们以极低利率买入日元，然后将日元拿到海外去投资，赚取其中的差值。

4.经济增长率。如果国家的经济增长率高，那么这个国家的货币汇率就会升高。

5.财政赤字。有时国家的财政预算出现赤字，那么该国的货币汇率也将随之下降。

6.外汇储备。外汇储备又称外汇存底，指一国政府持有的可以随时兑换外国货币的资产，用于平衡国际收支、稳定汇率，偿还对外债务。如果某国家的外汇储备持续增长，那么该国货币汇率也会升高。

7.投资者的心理预期。经济学家认为，外汇汇率是外汇供求双方对货币主观心理评价的集中体现，投资者的评价高、信心强，那么货币就会升值。

经济对汇率产生影响，同样，汇率也会对经济产生影响。

汇率能够影响到出口的贸易收支，汇率上升，能起到促进出口、抑制进口的作用；而本国汇率下跌，就会提高外币购买力，有利于该国旅游业的发展，使国家因货币贬值而减少债务负担等。

为什么有些餐厅提供免费续杯?

蒋先生因为工作需要，到外地出差，由于通知的时间有些紧急，没来得及吃午饭的他决定直接到高铁站，然后在旁边找一家餐厅解决。

下午两点钟左右，蒋先生到达车站，此时距离发车时间还有半小时。蒋先生四处看了看，车站周围的餐厅不少，但是为了节省时间，蒋先生选择吃快餐。这时有两家快餐店映入眼帘，从外表看来，两家的装修、档次都大同小异。由于在车站，发车时间在即，因此两家店里都人满为患。

但蒋先生还是注意到一点不同，那就是一家店门口挂的牌子上写着饮料、咖啡免费续杯，另一家却什么也没有写。蒋先生毫不犹豫地选择了可以免费续杯的那家店。

进店之后，蒋先生发现，免费续杯只针对某些套餐，单点饮料并不能享受免费续杯服务，而且套餐里的饮料是随机的，有可能是碳酸饮料、果汁，也有可能是咖啡、豆浆等。蒋先生想，套餐的价钱也不算太贵，而且反正都要吃饭，是不是套餐都一样吃，还能白得一杯同样价钱的饮料，算起来还是挺划算的。

于是蒋先生就点了一份套餐，找了个位置坐下。服务员端来套餐之后，为他搭配的是一杯橙汁。装橙汁的杯子要比一般的杯子小一些，而且橙汁并没有倒满，离杯口还有不小的距离。服务员似乎发现了蒋先生在关注什么，解释道："饮料装满会洒出来，您觉得不够用的话，可以续杯，我们店里续杯是免费的。"

蒋先生闻言，觉得服务员说得挺有道理，既然都能免费续杯了，那就不需要太计较了。但是等到扫空食盘后，蒋先生已经吃饱喝足，无力再去续杯了。

有一句老话叫"民以食为天"，人是铁，饭是钢，人活着就必须依靠进食来维持生命活力，所以餐饮业是世界上盈利空间最大的行业之一，而且世界人口那么多，不可能说有哪一家餐厅能垄断整个餐饮业。那么，为了在激烈的竞争中取胜，餐厅的老板们只有想尽办法，绞尽脑汁地来保证自己能在这行中稳固地生存下来，并且尽可能地获得更多的利润。于是，"提供免费续杯"就成为一些餐厅经营者在竞争中所采取的一种常用手段。

还有一句老话叫"天下没有免费的午餐"，那么自然也就不可能存在真正免费的续杯。现在的一些餐厅里所谓的"免费"，不过是他们的一种经营手段，这种看似愚蠢的经营谋略，其实蕴含着非常精明的经济学道理：

一、边际成本。餐厅经营的成本很大，卖出一杯水需要的成本包含了房租、人工费、机械费等。所以，一般来说，餐厅里饮料或者咖啡之类的饮品的价格与市场上的价格相差很大，但是这些成本仅限于第一杯，到了第二杯的时候，成本就仅仅只是一杯普通饮品。也就是说，后续的成本小到几乎可以忽略不计。所以，为顾客提供免费续杯，经营者其实不会损失什么。但是无限续杯往往能够通过口口相传，吸引更多的顾客。而且在消费者眼里，他们会觉得自己是占了大便宜。其实就算你喝到极限也是很难喝回本的，而且极有可能为了获得这项权利而投入更多的消费。

二、边际效用递减。免费续杯的前提一般是包含在某种或者某些套餐里面的。而一份套餐的量几乎就能使人有饱腹感，即使是饭量再大的消费者，也不过最多喝两杯就够了。即使他喝了第二杯、第三杯，但是所带来的满足感和价值感都远远低于第一杯的享受。这样一种边际效用递减，就会大大减少免费续杯的数量。

三、价格歧视。价格歧视就是商家为了获得利润的最大化，对于同一种商品或者服务进行不同的定价，从而吸引不同的消费者群体来进行消费。简单来说，商家在面对收入高、消费能力高、不差钱的消费者时，定的价格会比较高，以“少量高价”获利；但是在面对收入一般、消费能力不高、花钱比较谨慎的消费者，则会将价格定得比较低，以实现薄利多销。

所以，免费续杯其实就是一种价格上的歧视。在高档餐厅里，单独买一杯咖啡或者饮品对于一些工薪阶层来说算得上是奢侈消费了，但是现在餐厅推出免费续杯的活动，一些底层消费者的心里就会开始动摇了。

除了上述几种经济学思想之外，餐厅提供免费续杯还涉及商品的价值、商品的需求弹性等问题。

随着人们生活水平的不断提高，就餐顾客的人数也在逐渐增长，餐厅为顾客提供服务的平均成本就会下降，而且餐厅为顾客所做的每一顿膳食所收取的费用都会远远高于这顿饭的实际成本。所以，只要能吸收来额外的顾客，餐厅的利润就会有所增加。提供免费续杯可以吸引到更多的顾客，因此餐厅始终都是最后的赢家。

而且细心的人一定会发现，一般有这种免费续杯的餐厅只有在下午茶或者晚餐之后的固定时间内才会推出，比如必胜客的免费续杯时间就是周一到周五的下午两点到五点。原因很简单，因为这段时间不是就餐的高峰期，在非热点就餐时间内前来用餐的顾客一般很少。但是在这段时间内餐厅的盈利减少的同时，承担的成本却并没有减少，因此利用免费续杯的方式来吸引顾客，就可以避免资源闲置，弥补这段时间的成本损耗。

无利不起早，那么餐厅这样做的原因到底是什么呢？这样做又能给商家带来哪些具体的好处呢？

一、延长顾客在店里停留的时间，增加盈利的机会。对于餐饮业来说，顾客人数增加，利润就会上升，而且每天提供十几桌服务的平均成本会比只提供一桌服务的成本要低。

要知道，与其想尽办法吸引一个新顾客，不如留住一个已经在店里的顾客。这样不仅可以降低成本，还可以通过延长顾客在店时间，创造顾客消费的机会。

二、对抗竞争，降低运营成本。前面讲到，很多餐厅都会选择在下午两点至五点期间实行免费续杯服务，因为下午的这段时间是非热点的就餐时间，无论是上班族还是学生都很少出来用餐，若是能在这个时段以免费续杯来吸引顾客，既可以抗击竞争对手，还可以避免资源的闲置，降低运营的成本。

三、降低顾客的心理成本。在顾客看来，同样是饮料，在超市里购买价格低廉，而在餐厅购买则可能价格翻几倍，因此会不愿意到餐厅消费。而提供续杯服务能弥补消费者在饮料价格上的心理落差，降低顾客的心理价格，增加对餐厅服务的好感，不知不觉就会多去这家餐厅就餐。

约翰逊黑人化妆品的神奇畅销之路

20世纪60年代以前，美国的化妆品市场几乎全都是为白人服务的，黑人的化妆品市场几乎为空白。当时的美国种族歧视非常严重，黑人处于社会的最底层，要想使用化妆品，只能从仅有的几种黑人白人通用的品种中挑选。

一个叫作约翰逊的商人发现了这个商机，他一向的商业准则就是经营那些冷门的还没被众人发现的市场，或者发掘那些被人们忽视的潜在市场。

发现这一商机之后，约翰逊对化妆品市场进行了详细调查，他分别到化妆品生产厂家和黑人群众中进行访问。生产厂家说，黑人中懂得化妆的人很少，而有购买力的人更少，开发这一市场，肯定没有销路，一定会亏本。黑人们的意见莫衷一是，大体分为三种想法：一种是认为平时工作都忙不过来，哪有时间顾得上化妆；一种认为黑人化妆会被人嘲笑；还有一种比较时髦的、经济能力也可以的人认为是市场上的化妆品效果不好，不适合自己。

经过这一番调查之后，约翰逊不认为这一行业的市场小，而且美国黑人的民权运动越来越高涨，种族歧视一定会被消除，他们的经济能力一定会得到改善，所以黑人化妆品的市场不久以后一定会空前繁荣。

下定决心以后，约翰逊立马建立了一个黑人化妆品公司，专门研发黑人使用的化妆品。

刚开始，约翰逊公司的生意非常清淡，购买者寥寥无几，这让约翰逊十分苦恼。而最大的难题是，当时美国已经有了一家规模庞大的黑人化妆品制造公司——佛雷，他们几乎垄断了黑人市场，这使得约翰逊公司的生存变得更加艰难。

随着美国黑人人权运动的高涨，黑人的地位得到了很大提高，使用化妆品的人越来越多，约翰逊的黑人化妆品的购买人群也逐渐增多，但约翰逊公司仍然入不敷出，更别提和佛雷公司竞争了。经过长时间的思考，约翰逊想出了一句非常巧妙的广告语："当你用过佛雷公司的化妆品后，再擦一次约翰逊的粉质膏，将会得到意想不到的效果。"

约翰逊的这一招可谓高明，将自己的品牌和佛雷公司"绑"在一起，不仅捧高了佛雷公司的地位，没有引起佛雷公司的戒备，而且打出了自己的牌子，使更多的消费者自然而然地接受了他的产品。

这一广告语使得公司的粉质化妆膏销量大幅度上升。趁着这一有利时机，约翰逊迅速扩大市场占有率。同时，他还加速了产品的研发，连续推出了洗发露、卷发喷雾剂等一系列产品，一举稳固了公司在黑人化妆品市场上的地位，我们所熟悉的"黑人牙膏"就是该公司的品牌之一。

经过几年的努力，约翰逊公司占领了绝大部分的黑人市场，成为世界著名的跨国企业。

不知从什么时候起，我们的日常生活已经被捆绑销售所“占领”，小到买牙膏送牙刷、买手机送话费、买酸奶送茶杯，大到买床送四件套、买车送保险、买楼房送车位，捆绑销售的趋势有愈演愈烈之势。

那么，什么才是捆绑销售呢？捆绑销售是一种共生营销的方式，一般来讲，是由两个或两个以上的品牌进行合作促销，从而扩大它们的影响力，互惠共利的过程。就约翰逊公司来说，它正是主动利用与佛雷公司捆绑在一起，才使得自己打开了市场。捆绑销售作为一种跨行业和跨品牌的新型营销方式，开始被越来越多的企业重视和运用。

捆绑销售不仅给商家带来了好处，也给消费者带来了实惠。捆绑实际上是资源的再次利用与整合，是在原有资源的基础上创造出一种更有力度的模式，更利于消费者对信息的接受与处理，甚至变被动为主动。如果进行科学规划，对相关品牌进行整合，那么这样的科学捆绑也许可以创造奇迹。

捆绑式销售的源头大概可以追溯到麦当劳与可口可乐、肯德基与百事可乐的联合。经常去麦当劳吃东西的人都会发现，在麦当劳里只有一种饮品，就是可口可乐，而麦当劳里的可口可乐价格极高，一杯的价格相当于超市里一大瓶的价格，但是往往到麦当劳里喝它的人更多。这就是一种1＋1>2的双赢局面。

捆绑销售的形式主要有以下几种：

A.优惠购买。就是消费者在购买了产品A后，可以花费比单独购买时更优惠的价格购买到产品B，比如集齐多少个某商品包装袋就可以兑换一瓶其他牌子的饮料。

B.统一价出售。产品A和产品B不单独出售，按照捆绑后的统一价出售。

C.统一包装出售。产品甲和产品乙放在同一包装里出售。

生活中这样的例子数不胜数，很多商品都会采用这样的营销手法。

万达集团与海尔集团的合作就是一种捆绑销售的战略联盟。大连万达集团与当地的海尔家居的合作包括品牌联盟、联合冠名和联合推介等。海尔是目前国内最大的集成商，可以充分满足顾客的需求，而万达则在房地产项目上遥遥领先国内其他企业，资本雄厚，注重消费者的需求。二者的合作，可谓是优势互补。

两家合作的主要方式为：万达开发房地产项目，而海尔提供装饰。当消费者买房之后，万达会向消费者推荐海尔的配套安装方案，由海尔家居负责实施。

二者的合作好处多多，一站式的到位服务不仅解决了很多麻烦，使双方工作更快捷，还提升了两家的知名度，丰富了品牌的内涵。

捆绑销售的优点正是让商家频繁运用这一策略的原因：

一、降低销售成本。两个产品捆绑合作，共用一个销售团队和销售理念，降低了销售成本和广告费用。

二、提高服务层次。因为双方的合作，顾客购买更加方便，服务更加周到，提高了顾客的满意度。

三、品牌形象得到提升。这一优点相对来说对于弱势企业帮助更大，与强势企业的联手，不仅打开了市场和知名度，还提高品牌在消费者心中形象，奠定了品牌的高度。

四、增强企业的抗风险能力。捆绑合作，就像风雨中打着一把破伞的人遇到了一间破庙，即使二者都不是非常稳固，但是互补之下，就能增强抗风雨的能力。

五、逼近帕累托最优。共享资源、优势互补的捆绑销售可以使联合双方变得比以前更好，那么，社会资源的配置得到了进一步的优化，又向帕累托最优状态逼近了一步。

如何把梳子卖给和尚?

问：普通公司和优秀公司之间有什么区别?

答曰：前者只能满足需求，而后者可以创造需求。

有一个著名的营销案例：

某公司给前来应聘的员工出了一道难题：把梳子卖给和尚。一共四个人被迫接受了挑战。

第一个人接到这个任务后，还没出门就在心里骂了开来，“老板的脑子一定是被门夹了吧！和尚连根头发都没有，怎么卖梳子！简直就是巧妇难为无米之炊”。他在心里就认为这个任务不可能完成，所以连试都没试，直接回家闷头睡了一觉，然后回去告诉老板，和尚没有头发，根本不需要梳子，梳子卖不出去!

老板微微一笑，难道这点我不知道，还要等你来告诉我？然后他就被辞掉了。

这第一个人被传统的观念给束缚了，只用常理去考虑销售，自然就会被淘汰。

第二个人来到了附近山上的一个小寺庙，找到了寺里一个和尚。他直抒来意，对和尚说想卖给他一把梳子，又历数了梳子的好处。和尚说，即使梳子的好处再多，对我也没用。那人不死心，又道，人不仅要梳头发，头皮也要经常梳理，不但能够止痒，可以活络血脉，对健康有益。和尚依旧无动于衷。无可奈何之下，那人哭着说，如果梳子卖不出去，自己就会失业，出家人慈悲为怀，一定要和尚帮帮自己。和尚略有动容，最终买了一把。

这种人是在卖惨，利用别人的同情心，这是最低级的销售方法，叫“叩头营销”，是不能长久的。

第三个人来到一个香火较为鼎盛的寺庙，找到一个和尚。他和第二个人刚开始的做法一样，和尚表示自己真的不需要。那人并没有大打同情牌，他在庙里转了一圈后，对和尚说，拜佛不是要心诚、要心存敬意吗？和尚说，没错。那人继续说，你看，那么多香客远道而来，他们虽然内心十分虔诚，但是外表却风尘仆仆，发缕散乱，佛祖如何能感受到敬意？可是如果师父买了一些梳子，给这些从远处而来的香客，让他们将头发打理整齐，这才是对佛的尊敬，而且香客走的时候，还可以把梳子作为纪念品送给他们，日后只要他们见到梳子，就会想起这间寺庙，这样既有纪念意义，又能使香火更加旺盛，岂不一举两得？和尚觉得他的话很有道理，就买了十把梳子。

他能够为顾客着想，迎合顾客的心理，取得了一些成绩，所以被老板留了下来。

而第四个人找的是一座规模较大、名声远扬的深山古寺，这里的方丈是一位得道高僧。他对方丈说，虽然寺里的僧人们用不到梳子，但是您可以把它赠送给前来上香的客人们。凡是来进香的人，大多有一颗虔诚善良之心，对于这些积德行善的善男信女们，贵寺应当有所回赠。而且梳子是日常必备之物，大师您又是有道高僧，远近闻名，在书法上颇有造诣，如果大师能为梳子开光，做些“平安梳”“积善梳”送给香客，不但能积功德，还能保人平安。这样香客们一定会多捐善款，还能为自己的亲朋好友请上一把，既保佑平安，又弘扬了佛法，扬我寺院之名，岂不是天大的善事？大师岂有不做之理？

老方丈双手合十，微微一笑，先行买了一百把梳子，并建立了长期的往来。

这个人能够做到把顾客的价值最大化，所以最终他成功了。

仔细想想，其实道理很简单：虽然和尚用不到梳子，但前来上香的人有这个需求，正好可以通过寺庙挖掘到潜在的客户。没有需求，那就创造需求，开发出梳子的新功能，当作纪念品出售，作为善举的赠送奖品等。

世界上没有卖不出去的产品，只有不会卖东西的销售员。

美国著名经济学家保罗·萨缪尔森曾经说过，其实经济学并不像我们想象的那么深奥，我们只需要掌握两件事就够了：一个是供给，另一个是需求。

需求是指消费者在一定的条件下对商品的需要量，它包括两个条件，即消费者的购买欲望以及他是否具有支付能力。需求是主观的、有效的需要，就算消费者的支付能力再高，如果他不愿意购买某样产品，那么就无法形成有效的需求。

在“把梳子卖给和尚”这个案例中，和尚一开始是没有购买欲望的，但是他有足够的购买能力，于是后面两个销售员都在尽量创造出和尚对梳子的需求。

还有一个类似的例子：把冰块卖给爱斯基摩人。

汤姆·霍普金斯是一位北极冰饮公司的业务员，他曾向一位爱斯基摩人推销冰块。

爱斯基摩人居住的格陵兰岛是世界第一大岛，到处都是冰雪，覆盖面积达到80%。在他向爱斯基摩人推销冰块时，对方说，这里到处都是冰块，而且不用花钱。

他问：您知道为什么您目前使用的冰不花钱吗？

爱斯基摩人答道：很简单，因为这里遍地都是。

汤姆：您说得非常正确，您使用的冰就在周围，日日夜夜，无人看管，而且我看见您的邻居正在用冰清除鱼的内脏。

爱斯基摩人：噢，是的，这种冰太多太多了。

汤姆：也许这就是为什么这里的冰是如此……能否说是经济合算？

汤姆接着说：那么如果给您所饮用的饮料里直接放入这种免费的冰块，您能放心食用吗？我想您必须得先进行消毒，不是吗？那您如何去消毒呢？

爱斯基摩人：煮沸吧，我想。

汤姆：是的，先生。煮过以后您又能剩下什么呢？

爱斯基摩人：水。

汤姆：把冰熬成水，再把水冻成冰，您这样是在浪费自己时间。说到时间，假如您愿意在我这份协议上签上您的名字，今天晚上你的家人就能享受到最爱喝的干净、卫生的北极冰块饮料。

爱斯基摩人：那么这种冰块的价格是?

看，汤姆成功了。

一开始你一定会觉得不可思议，在被冰雪覆盖的岛上怎么还有人会去推销冰块呢?但是随着沟通的深入，汤姆确实让当地的人产生了对洁净冰块的需求，并且在他的引导下，对方的欲望越来越强烈，最终成功做成了一笔生意。

但是消费者光有购买欲望还不够，欲望的大小会受到购买能力等外界因素的影响。就像第一个例子，第三个人去的寺庙相对规模较小，购买能力不强，而第四个则是去的一座深山古寺，名气大，人流量多，需求大，所以他卖出去的数量最多。

经营者要想获得利益，首先要能使对方获得利益，然后自己才能有钱赚。“积善梳”首先满足了方丈传播名声的需要，其次满足了寺院香客们的精神需要，最后满足了寺院的盈利的需要。三个方面的需要同时得到了满足，那么经营者自然就有钱可赚了。

免费产品背后的真相

我认识一个手机营业厅的老板，一天我路过，便临时起意前去拜访。老板正在整理货柜，上货定价。我见他正忙，不好打扰，便在一旁静坐，无意中发现他在店里专门列了一个柜台，正在往里面摆样品，里面的手机价格定得非常之低，都快赶上白送了。

我很是不解，就疑惑地问道："你把价格定得这么低，还怎么赚钱啊？你要做慈善啊？"

老板回答："这你就不懂了，手机虽然卖得便宜，但是我还在做售后啊，我可以靠修理这些手机赚钱。"

不得不说，我这位朋友赚钱的方法很奇妙，把免费经济学的策略运用得炉火纯青。

免费经济，简而言之就是为顾客提供免费的或者便宜得几近免费的产品或服务，通过后期维修、产品所需的补给或者服务内容来达到获利的目的，而其手段都是通过免费的吸引力为起点，建立起其他的获利渠道。

现在这样的例子在生活中越来越常见，比如：营业厅里办宽带免费送手机，虽然手机是免费的，但拿到手机后，必须按照约定，使用此卡号两年以上。这两年的话费，就是你付出的成本，也是他们赚取的利润；再比如，纯净水公司免费送了一台饮水机给你，但前提是你需要使用他们的纯净水，他的收入就是你喝的每一桶纯净水的钱；惠普公司的打印机最便宜的一款才300元，但由于这款打印机的墨盒比较小，要想长期使用，就必须时常更换墨盒，而他们赚取的就是你每次更换墨盒的费用。

经常有一些厂商搞活动，送现金券，不仅不要你钱，还白送你“钱”，你以为他们都是傻瓜？没有这些现金券，你可能永远都不会想起来买这样东西，即便买也不会到他家去买，但是有了现金券之后，你就会想可以抵掉这么多钱呢，不买白不买啊，有便宜当然要占。但是你为何不想想，没有现金券的话，你连那所谓的“优惠价”都不需要花，到底是谁得了便宜？

那么在这“免费”的背后，他们究竟是怎么盈利的呢？

在这里，为大家具体分析一下目前比较常见的“免费产品”背后的盈利模式。

一、广告投放。这种模式较为常见，辨识起来也很容易。互联网上的页面广告，纸质媒体上的文字广告等，都属于广告投放，比如每当你打开一个页面时，就弹出的窗口广告以及一些常见的捆绑软件。在安装某些常用软件时，它们也会自行安装到我们的电脑上。

这种形式就是以铺天盖地的宣传使产品形象深入人心，从而吸引鼓舞消费者购买。

二、增值服务。这种模式相信大家也不会陌生，就是在开发产品的初期，只开发了几大常用的免费的功能板块。但是等到这个软件或者产品越来越火，越来越多的人使用它、习惯它之后，开发商就会相继开发出辅助的、创新的、收费的其他功能板块。就像QQ、微信、支付宝一类的软件，继微信收费之后，2016年支付宝也对提现进行收费了。还比如腾讯、爱奇艺等视频网站，非会员的人只能一集一集等更新，而VIP会员则能先睹为快。

这类产品，在安装及使用过程中都是免费的，但是当使用群体固定之后，就会出现很多都需要开通会员或者付费进行购买才能使用的功能。马化腾曾经说过："做免费QQ就是建立个人生活的平台，免费用的人越多，平台黏性越强。一旦平台有了，想留什么留什么，想卖啥卖啥。"说的正是这个道理。

三、交叉补贴。在讲这个之前，先来看一个例子：我大学的时候，学校对面有一家书店。说来奇怪，这家店的老板不卖书只租书，而且是免费租书。反正都是免费的，也没人做那鸡鸣狗盗之事，这个老板当得真是太省心。我偶尔从他店前路过，每次都看见他优哉游哉地歪在躺椅上，看看书上上网，很是惬意。

但是，他却能年进百万，原因何在？就在于老板善于借力，善于运用媒介，他免费给你书看，却通过另一个途径赚钱。

大学生特别是大三大四的学生要看的书无非就是关于工作的、考研的、考公的或者某些专业考试的，老板书店里的书基本就都是这些，什么雅思、托福、教师资格证、公务员必备的一些参考书，同时还有一些考试必备的专业教辅材料，也提供一些往年考试的卷子。

由于是完全免费，就吸引了无数的大学生到店里来租书。不停地租书还书，让这群学生不停地要来店里，甚至有些人干脆就直接在店里看书。这种时候，老板就会仔细观察每个人看书的种类，通过这些，就能知道他们到底要做什么。看考研书的人一定就是准备考研的，看托福、雅思的人一般都是要准备出国的，看教师考试资料的人一定就是要考教师资格证的，等等。

除了观察他们看书的类型之外，老板还会与他们聊天："有没有想过报一个培训班？""我知道一个培训教师资格证的机构，通过率还不错。""我看你看书不太认真，老是走神，自制力不够吧，不如参加一个培训班看看？"

原来老板与很多的教育培训机构都有合作，每招一个学生，就能拿到相应的提成。这些学生每天免费在老板那里看书，老板也经常和他们交流，彼此相处得就像朋友一样，学生对老板的信任度很高，几乎都会到他推荐的培训机构去上课。

于是书店老板通过免费租书吸引了大量的学生，通过给他们介绍培训机构赚了不菲的佣金。这就是一种交叉补贴，即免费提供A产品，再通过B产品赚钱。

四、零边际成本。我曾经遇到这样一位客户：说得好听点，他是一家搬家公司的老板，其实这个公司就只有他、他的妻子和他哥哥三个人而已，规模非常小，凡事都得亲力亲为，也挣不到什么钱，每天都累死累活的，只能勉强糊口。

于是他向我请教生财之道。我就给他支了一招：免费帮别人搬家，但条件是，客户搬家时不需要或者想丢掉的那些家具由他带走。

经过一段时间摸索之后，他开始对一些特殊的客户施行这一策略。这种行为正好符合很多人家的心意，搬新家的人都想要买新的家具，让新家看起来高档大气一些，而那些旧的家具留着占地方，卖了也不值多少钱，找人拖走还得再付工钱，搬家公司的人一起拖走正好，既省心还省搬家费。

几年之内，他手头积累了数不清的旧家具，质量和成色都很不错。于是他办了一个家具翻新的工厂，把这些旧家具全部刷漆、修理、翻新后拉到一些小县城出售，最终挣到的钱，比之前单纯靠搬家赚的力气钱要多得多。

这种模式就是通过免费提供产品或者服务，以零成本或者极低的成本与顾客置换他们拥有却没什么用的实物，然后对这些实物进行再加工，使自己获得利润。

其实免费也是一种价格，有时候，免费的东西才是最贵的。

天上掉馅饼？只是挂羊头卖狗肉

有一个乞丐外出乞讨，挨家挨户敲门，直到敲到了一个吝啬鬼的门。吝啬鬼听到敲门声，开了门之后，不耐烦地问道：“什么事？”

乞丐恳求道：“我已经好几天没有吃过东西了，实在是太口渴了，请您发发善心，赏我一杯水喝吧。”

吝啬鬼听了之后，没有立刻撵人，而是回屋端来了一杯牛奶。

乞丐一口气喝光了牛奶，对吝啬鬼特别感激：“真是太感谢了！在我敲门之前，您的邻居还劝诫我不要敲门，说您是一个脾气暴躁而且非常吝啬小气的人，看来他是在污蔑您，您实在是一个非常大方的人！”

吝啬鬼笑了笑：“不，你错了，我确实是一个抠门的人，如果不是因为这杯牛奶不小心被狗舔过了，别说牛奶，我连一口水也不会给你！”

我们常被告诫“天上不会掉馅饼”“天下没有免费的午餐”，但是仍然避免不了想要用最少的钱买到价值最大物品的心理，而很多商家就会利用消费者这种“爱贪小便宜”的心理设下“低价陷阱”，让消费者在“廉价”的诱惑面前降低警觉性和判断力。

我们常能在生活中发现有一些店在门外挂着“清仓处理大减价”的横幅，或是由于装修，或是由于经营不善厂家关门，最后一天亏本经营，但是这些店家却往往能从夏天装修到冬天，始终等不来所谓的最后一天。这就是所谓的低价陷阱，虚构出停业、转业的假象，谎称削价处理，诱骗他人购买。

有一天，一个肩上挑着扁担、挂着两个篮子的小贩出来叫卖，其中一个篮子没有盖好，露出了一篮子的鸡。

小贩边走边大声叫喊：“卖乌鸦！卖乌鸦了！又大又便宜的乌鸦！只要十块钱！”

结果，没过一会儿，就有一个人走到小贩跟前。这个人觉得用买一只乌鸦的价钱买到一只鸡，简直是天上掉了馅饼，再合算不过了。

于是他又确认问一遍：“乌鸦怎么卖？”

小贩笑嘻嘻答道：“只要十块钱。”

于是那个人就给了小贩十块钱，然后低头在篮子里挑起鸡来。就在他挑好了一只又肥又大的鸡之后，已经把钱装进口袋的小贩连忙阻止他：“哎，你拿错了，这是鸡，乌鸦在另外那个篮子里，难道你连鸡和乌鸦都分不清吗？”

那个人当场愣住了，缓过神来恨恨地随便拿了一只乌鸦走了。随后，小贩也离开了，换一个地方继续卖乌鸦了。

有时候，当你以为捡到了大便宜，买到物美价廉的“羊肉”时，掀开表面的面纱之后，往往就会发现“羊头”后面卖的并不是“羊肉”。

随着科技的逐渐进步，经济生活的不断提升，互联网已经成了人们生活的一个重要组成部分，网购成为年轻人生活内容的重要活动。因为在网上开店不需要实体店，大大降低了营销成本，所以网络上的商品大都打着物美价廉的噱头，为此吸引了很多经济能力一般的年轻人。

但是由于网上交易不能面对面沟通，低价陷阱发生的频率就更加频繁。

朋友在网上开了一家网店，主要卖一些衣服、鞋子、饰品之类的东西。在朋友寻找进货渠道的时候，一家店主动联系了他，这家店主营5元一件和10元一件的毛衣，展示图上展示的衣服看上去和市场上几十块钱一件的质量差不多，而且店家保证不满意可以退货。

朋友觉得这是一个稳赚不赔的生意，如果5元一件进来，30元卖出，利润空间非常可观，于是他就向店家订了200件5元一件的毛衣。

发货的速度很快，两天就拿到了货。但是当他打开包装的时候却大失所望，发来的毛衣不仅质量低劣，既扎手又起球，而且上面还有污渍，别说拿去卖了，白送都没人要。

朋友非常生气，打电话质问商家，客服语气很和善，客气地说，可以给他退货，但是邮费要他自己出，并且建议他10块一件的毛衣质量要相对好一些，其他买家都反映销量不错，可以试试看。

朋友去店铺下面看了看买家的评论，一片好评，都说质量比较好，于是决定少订一些。

第二批货也很快就到了，但是结果依旧让朋友怒火中烧，因为10元一件的毛衣质量和之前那批一模一样。朋友立马拨打店家的电话，准备退货，却发现拨打的电话已经变成了空号。

那么，低价的“陷阱”到底体现在哪些方面呢？

一、品牌效应的缺失。拿驾校举例，随着生活品质的提高，越来越多的人选择了开车出行，汽车销售量增加的同时，考驾照也成了一项热门话题。而驾照学费也是直线攀升。

于是在驾驶培训市场中，渐渐出现了很多名不见经传的低价驾校，吸引了很多还不能经济独立的在校生的光顾。但在这些机构培训的学员就算拿到了驾照，在实际操作上却还是“马路杀手”。

二、大量的乱收费行为。就拿现今被很多人诟病的低价游来说。曾经有一个被媒体披露出来的低价旅游团，五天的行程只需300元的团费，并且跨度颇广，从上海出发，一路顺着南京、杭州，到山东烟台、青岛，跨越了三个省市。听上去简直是让人心动不已。但是据游客说，这个旅游团的食宿非常简陋，时间安排得很紧凑，没有太多的时间去好好欣赏。而且游玩的景点也没有说的那么多，但是路过的购物点却多达十几个，而且不买东西就不起程。

可见，低价只是一个吸引人的噱头，把你引来之后就会想尽各种借口收更多的杂七杂八的费用，到最后，价格并没有低到哪里去。

三、服务质量低下。笔者大学时的一个室友，在大二的时候，报名参加了一个教师资格证的培训班，价格在所有的培训机构中是最低的。之所以有这么好的事，是那个机构的一个招生员死缠烂打，各种送福利给拉去的。但是当价格足够低廉时，服务质量自然就会降低。

我曾有一次与室友约好下课后逛街，便提前去她上课的教室等他。就发现上课的老师态度散漫，对学员态度粗暴，学生提出的问题也不给出解答，最后还提前下课。后来，还很明显地发现室友的上课时间逐渐减少，很多课时都被取消了。

所以，当你面前突然出现一个“大馅饼”时，千万不要被低价给冲昏了头脑，这很有可能是骗子们精心设计的陷阱。在购买产品前，一定要慎重考虑，不能见利眼开，跳进圈套。

价格越贵，卖得越好

在我们的日常生活中，你是否遇到过这些情况：一盒简单的快餐几十块一盒，一件平常的衣服几百块钱一件，一部没听过品牌的手机几千块钱一部，一辆普通的车卖几十万甚至几百万一辆……但是这些在我们看来价格高得离谱的商品，却卖得很好，这种“价格越贵越好卖”的现象已经成为一个不争的事实。

有一天，一位禅师为了点拨他的徒弟，给了他徒弟一块普通的石头，让他拿到菜市场试着卖掉它。禅师跟他说：“你只需要等顾客出价就好，不论别人出多少钱，都不要卖掉它。”

徒弟便带着石头到了菜市场。不一会儿，就引来了很多围观者。许多人看着石头想：这也许可以当作一个小摆件，拿给小孩子玩，或者我们可以把它当作称菜用的秤砣。于是就有人想把它买走，第一个人出了价，愿意给10块钱，徒弟没有卖。第二个人见状以为徒弟嫌钱少，便出价50元，徒弟依旧不卖。第三个人立马给出100块，但是徒弟谨记禅师的交代，还是没有卖。

徒弟拿着石头回来见禅师，告诉禅师，这块石头在市场上最高能卖到100块。禅师说：“现在你再把它拿到黄金市场去，也只了解它的价格，但是不能卖掉它。”

于是，徒弟就带着石头去了黄金市场，他没有大声吆喝，就安静地站在那里。没过多长时间，就围观了一群人。他们都以为这是一件罕见的东西，很快就有第一位顾客出价，竟然给出了1000元的价钱。徒弟感到非常惊讶，但还是没有答应。接着就有第二个人、第三个人、第四个人跟着出价，价钱也渐渐涨到3000元、5000元、8000元。最后，居然有人愿意出1万元。徒弟颇有些心动，很想和他成交，但是想起师父嘱咐的话，仍然没有卖。

从黄金市场回来之后，徒弟高兴地跟禅师说：“师父，黄金市场的人真是太棒太大方了，居然有人愿意花1万块来买这块石头。”

禅师闻言后，笑而不语。第三天，禅师又跟徒弟说：“现在，你把这块石头拿去珠宝市场那儿，这次你可以把它卖掉，但是一定不能低于50万。”

徒弟十分怀疑自己听错了，就这么一块普普通通的石头，谁会花50万来买它呢？难道自己看走了眼？

徒弟边走边想，来到了珠宝市场。他还是不叫卖，等着别人来出价。徒弟刚刚把石头放下摆好，就有一个人过来问价。徒弟大胆地说：50万，一分不能少。顾客摇摇头：太贵了，我只能出5万块。徒弟简直不敢相信，竟然有人愿意出5万块钱。徒弟不愿意卖。第二个人看了一会，出价20万。徒弟坚持要50万。第三个顾客观赏一番后，对石头好一番称赞，说愿意出40万的价钱买下它。徒弟不卖，两个人便在那儿讨价还价。这个时候，又有一位顾客走了过来，说他愿意用50万买下它。第三位顾客听了之后，经过一番考虑，也加价到了50万。徒弟按捺住自己的激动，尽量不动声色，最后成功以55万的价格成交了。

带着巨款回到禅师身边，徒弟不禁问道："师父，这块石头是什么稀世珍宝吗？为什么珠宝市场的那些人疯了一样地抢着要它？"

禅师说，这不过是一块再普通不过的石头罢了。

徒弟不相信。禅师说："不是买东西的人傻，也不是这石头值钱，而是你让它变得值钱了。这个石头本身的价值并不是固定的，关键就在于你有没有点石成金的能力。如果你不给它更高的价钱，你就永远不会得到更高的价钱。"

在这个故事中，禅师是要启发徒弟，怎样去提高人生的价值。但是我们却可以从中得出一个经济规律：凡勃伦效应。

凡勃伦效应是由美国经济学家凡勃伦提出的。他注意到，任何一件商品，它的价格定得越高，反而越能受到顾客的青睐，让顾客越有愿意去购买产品的消费倾向，据此他认为消费者对一种商品的需求程度是因其价格较高而不是较低而增加。它反映了人们进行挥霍性消费的心理愿望。

我们在生活中经常能看到这样的情景：看起来款式、质量、材料都差不多的一件衣服或者鞋子，在普通的店里只卖几十块钱，只要进了商场的柜台里，就会被卖到几百块，甚至几千块，却往往卖得更好。同样一套化妆品，品牌、原料、容量完全一样，但是定价几十块根本无人问津，如果那些找了明星代言，在各种网站上投放广告，大肆宣传，要价几千都能卖到脱销。

比如上海的房价，六七百万一套的房子仅开盘半天就被抢光，即使每平方米上涨三四千元，还是有人趋之若鹜……事实证明，很多你觉得“贵”得要死的房子在上海都很好卖。

2016年5月份，上海华府天地愉园首次开盘，推出了260多套叠加别墅，每套大约六七百万，两个小时便卖出去了180套。

同一时段内，宝山路中环的大华碧云天，加推了70套精装房，平均每平方米五万五，比开盘当日的价格每平方米贵了将近2000元，当天便卖出去九成。

5月15日，上海外环的城开珑庭推出了近100套的三室两厅精装房，单价上涨了一万块一平方米，由年初的四万多涨到了现在的五万三。当天销售火爆，到了晚上就剩下14套。

上海的豪宅市场价格即使一轮轮上涨，但是仍旧供不应求，抵挡不住顾客购买的脚步。

也不知道从什么时候起，“产品的价格越高品质就越好”的观点在我们心里生了根发了芽，而且渐渐地这个观点成为一种思维的趋势。所以，越来越多的销售人员在推销产品时，都会利用“一分钱一分货”的思想来诱导我们购买高价的东西。而我们自己在作选择时也同样会考虑“一分钱一分货”。

因为我们在购买某项产品的时候，不可能非常详细全面地了解产品信息，下意识就会想，卖得贵一定有道理，一定是合理的，否则怎么会有那么多人买呢？认为那些价格高的产品一定是有档次的，质量好的。

这就解释了为什么一些商品价格定得越高，就越能受到消费者的青睐。随着社会经济的发展，人们的消费水平提高了，消费理念也发生了改变。价格变成了产品质量的体现，贵的就是好的，为了物质上的满足和心理上的享受，就出现了这种经济现象。富裕起来的人们逐渐从追求产品的廉价和实用，过渡到追求品位格调。

第四章 Chapter 4 市场的魔力：那只无形的手为什么如此强大？

劣币为什么能够驱逐良币?

货币流通的时候，市面的金币和银币都是足量的，币面的价值与货币自身的重量等同，这样的货币我们称之为“良币”。然而有一些不法分子在铸币时，故意降低货币的重量来从中谋取利润，这种实际价值低于币面价值的货币就是我们所说的“劣币”。

铸币不是随便什么人都可以进行的，都是有后台有势力的人才能铸币，往往都是大批量生产，所以劣币一出往往数量非常可观，因此存在巨大的利润。市面上的劣币多了，拿到劣币的人都会赶紧想办法把它花出去，而把良币留着，这样一来劣币的流通就变得频繁，而市面上的良币就会减少，甚至会逐渐退出流通。

这就是“劣币驱逐良币”的最初含义。良币之所以退出流通，是因为它是足量的，收在手里不会贬值，不会有影响。而劣币则不同，时间长了就有可能用不出去，赶紧使用出去才不会吃亏。

劣币之所以可以驱逐良币，有一个很重要的关键点，那就是信息的不对称。如果所有人都不知道有劣币的存在，那么劣币的存在不会有任何意义，产生不了任何影响，良币也就不会退出流通。但是如果买东西的人知道自己手里的是劣币，卖家却不知道的话，就会出现买家急于留下良币花出劣币，而卖家在不了解的情况下接受了劣币的情况。然后，卖家又变成了买家，把劣币花出去，如此循环下去，劣币就因为大家的信息不对称堂而皇之地进入流通。

劣币驱逐良币现象不仅存在于货币流通中，社会生活的方方面面也都存在类似现象。

比如说在乘坐公共汽车的时候，素质高的人会守规矩老实排队，但是却往往被不守规矩的那些人挤得东倒西歪，几趟车也上不去。而不守秩序的人不管三七二十一就是往前挤，倒是常常能捷足先登。这样一来，为了能挤上车，守秩序的人就不会再老实排队，遵守秩序排队上车的人就变得越来越少。

另如，现在社会影音制品盗版猖獗，也是由于这个原因。翻版盗版的CD、VCD成本比较低，比起音质近乎完美但价格高的正版货来说，售价相对便宜。而一般顾客并不在意音质是否纯净，只讲究廉价，因此不少人会选择购买盗版。抱有这种心理的顾客越多，盗版就越有市场，而正版音像制品就会失去市场，从而导致产品利润越来越低，那些生产厂家就不得不选择生产盗版品或者破产。

在普通人的观念中，一直认为“优胜劣汰”，优秀的总是能够战胜落后的，懒惰的总是抵不过努力的。但是这看上去理所应当的事情却并不是必然情况，我们常常会发现这样一个奇怪的现象：在我们的工作和生活中，有些时候成功的并不是那些最优秀最努力的人，往往是那些不劳而获的人获得更多。

比如，一些公司的人力资源管理中就存在着“劣币淘汰良币”的现象。一家公司里会有许多员工，每个员工的工作能力是参差不齐的，有的人务实能干、勤奋努力，有的人则可能混吃混喝、能力不足等。

当公司同时招聘一批员工时，因为不了解每个人的具体情况，一般开出的薪水是一样的。等到新员工工作了一段时间之后，就能看出区别来了，工作能力强的员工成绩会高一些，平庸的人成绩可能要低一些。

理论上来说，应该是能力不足或者素质不高的人被淘汰出去。但实际上，工作成绩很难用简单的数字衡量，绩效评估也并不一定准确，公司并不能确切地知道，到底谁做得更好一点，谁做得差一些，所以公司也只能是根据整体收益利润，来制订一个笼统的工资标准。

这样一来，大家的工资水平相差并不大。那些能干的努力的业绩出众的员工，付出得不到相应的回报，收益和努力不成比例，结果就是，这些人都会跳槽去其他的公司。剩下那些能力不是那么强的员工，他们的回报可能还超过了付出，所以安于现状，非常愿意留下来。

同样，某工厂生产效益过低，生存艰难，为了减少开支、节省成本，于是决定裁员。当然，工厂的本意肯定是想要留下能力强的人，但事实上往往留下来的是能力比较弱的人，而有能力的人却离开了。这是因为能力强的人有更大的概率找到新工作。这也是劣币驱逐了良币。

出现这种情况的原因，就是公司领导和员工之间的信息不对称。员工知道自己每天都做了些什么，有没有偷懒，但是公司领导却不能清楚知道，正是这种信息不对称的存在，导致了这一系列现象的出现。

所以要想解决这种劣币驱逐良币现象，唯一的办法就是从信息入手。只要双方都能清楚明白地了解双方或者某件产品的信息，做到信息对称，就能够避免这种问题。

为什么挥霍导致繁荣，节俭反而导致萧条?

18世纪，一个名叫曼德维尔的荷兰医生写了一本名叫《蜜蜂的寓言》的书，实则是一首讽喻诗，叙述了一个蜜蜂王国的兴衰史：

一开始，在这个昆虫的国度里，蜜蜂们为了追求享受，一直过着大肆挥霍的豪华生活，结果这个蜂群很快就兴旺起来，每个蜜蜂都过得非常舒适。后来，一位比较有见识的哲学家教育它们说："蜜蜂们，你们这么挥霍，对资源是一种非常大的浪费，是非常不应该的。你们应该杜绝浪费，勤俭节约才是。"蜜蜂们听了之后，认为哲学家言之有理，于是大家都贯彻这一观念，放弃了奢侈的生活，每个蜜蜂都互相争着节约资源，吃得也少了，用得也省了，开支立马小了许多。但结果却出乎意料，蜂群并没有从此振兴，反而衰落下来，一蹶不振。这是因为，大家都变得节约之后，就不必挣那么多，每天干活也没有动力了。

这首诗的副标题是"私人的罪过，公众的利益"，意思是说，浪费是一种“私人的罪过”，虽然是不好的行为，但可以刺激经济，成为“公众的利益”。这部作品被当时的法庭判为“有碍公众视听的败类作品”，但是200多年后，英国经济学家凯恩斯从中受到启发，提出了“节俭悖论”这一经济学思想。

众所周知，节俭是一种传统美德，既然是美德，为什么还会产生这个悖论呢？从理论上讲，要想积累财富，不正应该节俭吗？但是，凯恩斯却认为节俭对于经济增长并没有什么好处。实际上，这里蕴含着一个矛盾：公众节俭，降低消费，增加储蓄，往往会导致社会流动资金的减少，降低市场的活跃性。

我们仔细想想，如果某个家庭勤俭持家，减少浪费，增加储蓄，通常可以致富，但如果每个家庭都将收入储蓄起来，不消费，那么货币流通就会减少，同样投资就会减少，国民收入也会减少，经济就会陷入萧条甚至停滞的状态。反过来，如果每一个家庭都将收入拿出来消费，减少储蓄，就会增加消费的总需求，增加国民收入，促进经济的繁荣。

由此我们可以得出一个蕴含逻辑矛盾的推论：节制消费增加储蓄会增加个人财富，对个人是件好事，但由于会减少国民收入引起萧条，对国民经济却是件坏事。反之亦然。

历史上也曾有这样的例子：

清乾隆三十三年，当时的两淮盐政——尤拔世给乾隆递折子奏报，揭发了当地盐商挥霍成性，门客互相攀比，斥责他们引发了百姓的奢靡之风，希望乾隆皇帝能下旨，对他们加以惩处，并大力提百姓民生勤俭节约，乡绅富豪更是应该起带头作用，请求皇帝下令以正风气。

乾隆看完这个奏章后，不经思考便批示道：“此可不必，商人奢用，亦养无数游手好闲之人。皆令其敦俭，彼徒自封耳。此见甚鄙迂。”这几句的意思是，这件事不需要你去管，富商们大鱼大肉，消费奢侈，能够供养更多的闲散无业之人，增加就业机会。如果下令敦促他们节俭，反倒封住了经济，挡了百姓的就业门路，没有什么好处，这并不是个好建议。

乾隆的一番说辞，让大臣们茅塞顿开，原来富商们张扬浪费是好事，没有理由去禁止啊，从此再不提禁奢之事。

站在今天经济学的角度上看，乾隆皇帝的这一主张简直是明智之举。正是由于富人的积极消费，才极大地刺激了清朝的经济发展，才促生了中外历史上赫赫有名的“康乾盛世”。

很多人对此表示不理解，为什么要鼓励富人消费呢？历史上，富人消费的结果，最后不都是倾家荡产吗？甚至史书上记载的很多铺张浪费的皇帝都因此丧家败国。比如历史上第一个朝代——夏朝的夏桀，身为大禹的后代，夏桀就因残暴奢靡而丢掉了国家。他曾倾空国库，为自己建造了一座豪华的寝宫；曾大费人力在王宫内设计瑶台、琼室、宫门的材料是一整块玉石，长廊的修饰是昂贵的象牙。还有一位“毫不逊色”的商纣王，穷奢极欲的程度相较夏桀有过之而无不及，他吃饭要吃旄象豹胎，穿衣要锦衣九重，住房要广厦高台，观景要在摘星之阁。还有千古一帝秦始皇，在位期间建造的阿房宫“五步一楼，十步一阁；廊腰缦回，檐牙高啄……”，其奢华程度简直无可比拟，最终骄奢亡国。

当然这些都是个例，他们的行为已经不能用奢侈来形容了，而且最关键的是他们的地位属于权力的最高层，他们的奢侈不需要付费，无法造成经济的流通。

事实上，如果明令禁止富商们节约，很有可能会产生后来德国那样的后果。2007年，德国的经济增长停滞，不仅不增高，反而有下降的趋势，而且失业率居高不下，财政赤字严重超标。为了解决这些问题，政府提出了向富人加征税收的决议，向个人年收入达到25万欧元的纳税人多征收3个百分点的个人所得税。但是这一措施并没有促进经济的发展，反而抑制了富人的消费，严重地阻碍了商业的发展，导致更多的人因消费需求的减少而失业，由此引发了商界和民众的百般不满。

所以说“挥霍能够导致繁荣，节约反而致使萧条”这个结论看似很荒谬，但是一旦结合自身实际和日常生活仔细分析，就不难发现这个推理非常合理：

一是节俭的人看似积攒下不少财富，实则分流很多，靠精打细算、节衣缩食，只能达到个人的小富状态。并且这种安逸有时候是以牺牲获取更多财富的可能性为代价的，用控制欲望的方法来节俭，不仅降低了生活的品质，而且只能缩小收支缺口，而无法填平这一缺口。

二是节约的生活，有很大可能让人安于现状，故步自封，失去奋斗的动力。人们常说：“心有多高，天就有多高”，勤俭的人容易满足，当前的消费水平能够满足日常生活时，人们自然不会再费力去努力工作。

三是节约会导致重复地消费某些日常用品，好像每次节省了很多钱，但加在一起却是惊人的浪费。勤俭节约的人都有一个习惯，就是很多必要的生活用品，他们都觉得能用就好，不需要买太好的。结果就是，这些低价买回来的产品经常出现问题，不是这儿坏了，就是那儿坏了，过段时间就得去维修或者买新的。时间久了，花在这些廉价产品上的钱要比买一件好一些贵一点的产品的钱还多，还得在很多时候忍受产品不好用的状况。

所以，如果国民减少储蓄，积极消费，市场上积压的产品就会大大减少，促进经济发展，使国民收入增加，国家繁荣；反之，如果国民储蓄增加，消极消费，市场上的产品就会积压，使经济乏力，减少国民收入，国家陷入萧条。

为什么票贩子屡禁不止

有时候，票贩子的存在简直是让人又恨又爱。有的人咬牙切齿地痛斥黄牛奇货可居，牟取暴利，加剧了买票难现象；也有人暗自庆幸，虽然多掏了钱，但是好歹还能买上一张自己需要的票，不必望“票”兴叹。

每年春运期间，乘车回家的人都会有切身的体会。火车票总是那么紧张，一票难求，要提前好多天就在网上抢票；如果运气不好，在网上实在抢不到票，就只能想办法从票贩子手中花冤枉钱高价购买了。不管是汽车站、火车站还是高铁站，总有票贩子的身影。稍不留神，就会突然出现一个人，操着一口不怎么流利的普通话，问你：“要票不？”

虽然各地公安部门都会出动警力进行打击，但票贩子们总是屡禁不止。究其缘由，并不是公安部门的打击力度不够大，这其中还存在深层次的经济学原理。

为了限制某些生活必需品价格的上涨，政府对这些产品规定了一个最高价格，这种调控做法叫作“限制价格”。限制价格是为了保护公众消费者的利益，因此一般限制后的价格都会低于平均价格。

限制价格虽然保障了消费者的权益，但是也存在着不利的一面。我们都知道，一般情况下，价格是由市场供求决定的，一旦政府外力介入，限制价格之下所实行的配给制就会产生黑市交易，产生“走后门”的现象，出现变相涨价，也就是“票贩子现象”。

火车票一票难求和票贩子屡禁不止的原因，主要就是在价格的管制下，由于价格低于平均价格，而且是硬性规定，不能更改或上升，供需关系出现了极度不均衡，给票贩子倒票卖票提供了可乘之机，形成火车票倒卖的“黑市”，损害了社会的公平与福利。

还是以火车票为例，如果票价低于平均价格，大部分人都会选择坐火车回家，那么火车票的需求量就会大于供给量，这时的价格就会上升。随着价格上升，选择坐火车回家的人就会减少，需求量就会降低，但是供给量保持不变，那么价格就优惠下降到供求相等的均衡水平。相反，如果一开始铁路部门规定的票价是高于平均价格的，那么选择坐火车回家的人就很少，即需求量小于供给量，这时价格就会有下降的空间。随着价格的下降，选择坐火车回家的人就会慢慢增多，价格就会上升到一个供求相等的区间，实现资源配置的最优化。

但是，一旦政府这个外力干预了价格的均衡，当价格需要调整却无法调整，失去了调节作用的时候，就会让票贩子钻空子。

除了“限制价格”，产生这种现象的原因还有以下几种：

一、供不应求

票贩子之所以存在，最根本原因还是车票的供不应求。中国是一个泱泱大国，有十数亿人口，因此需求同样也是一个非常庞大的存在。但是往往供给小于需求，在这种情况下，就会出现类似于“票贩子”之类的不正常情况。

二、利润大于风险

《治安管理处罚条例》第52条规定：伪造、变造、倒卖车票、船票、航空客票、文艺演出票、体育比赛入场券或者其他有价票证、凭证的，处10日以上15日以下拘留，并处1000元以下罚款；情节较轻的，处5日以上10日以下拘留，并处500元以下罚款。

而与这种风险相对的，则是巨大的利益。票贩子手里的票，任何一张的价格都要比原价贵三倍以上。

假设你想去听一场周杰伦的演唱会，结果由于某种原因没有订到票。原本演唱会的官方门票价是500块，但是现在票贩子手里的价格是1500块，之间的差价就是整整1000块。假如他今天仅仅卖出去10张，由于不需要店面、任何机械以及任何手艺等方面的付出，那么他今天的净利润就是1万块。如此巨额的利润，如何不让人心动？因此，他们才甘愿冒着被逮到的危险继续从事这个行业。

三、资源紧缺

去医院看过病的人都知道，要挂到专家门诊号是一件非常困难的事情，难在哪儿？不在价钱，门诊的挂号费其实不贵，几十块钱左右，难就难在数量上。

我一个6岁的小侄女，2016年年初生了一场大病，在县医院看了一个星期，钱花了不少，但是病没有治好。于是，一家人带着小侄女到南京去看病，第一天去排队挂号，等了一整天都没排上号。第二天，孩子他爸大半夜就去排队才终于排上了号。当时在医院挂号的时候，遇到好些个票贩子在卖号，一张都要100块钱，贵了近五倍的价钱，让人不得不感叹其中的暴利。

所以，票贩子如此猖獗的原因之一就是医护资源的短缺。首先，医疗行业是一个非常特殊的行业，短期内无法增加医护人员的数量，要培养一个合格的医生出来至少需要8年的时间，而且这个行业的职业要求非常高，也就导致了淘汰率很高。

医疗行业还有一个大难题——编制，因为医院的设立审批以及人事关系都是由政府调控，每年医学专业的毕业生中，能够拿到编制、进入正规医院的人少之又少，剩下的大部分人只能从事与之相近的医药行业，到药厂、药店之类的地方去工作。就算是最后好不容易熬出来了，进了医院，还得面临着收入低、工作繁重、压力大等一系列问题，因此中国每年都有很多医生因为这些问题转行。

其次，造成医疗资源紧缺的另外一个原因，是中国的医疗资源的分布极其不均。几乎所有好医院都在繁荣发达的大城市里，单单一个南京就有25家三甲医院，北京更是有50家之多。但是在很多中小城镇，尤其是西部地区，医疗资源却是非常匮乏的，十几个县、镇加起来也找不出几家好医院，凡是稍微疑难一点儿的病，当地的医院就束手无策，只能到大城市去治，所以大城市里的医院接收的不仅仅是它一个市里的病人，更多的是从小城镇里赶来的病人，这就间接地造成了数量上的问题，加剧了看病的困难。

只有从根本上对症下药，扩大医护人员的队伍，平均全国各地的资源分配，让病患都能就近看上病，这样票贩子才不会那么猖獗。不过，这种制度上的改变，也是需要一些时日的。

薄利多销也会出现例外

大学毕业以后，小王租了一个门面，利用父母的资金开了一家服装店。装修还没完成，他就急忙忙地把衣服运来了，全是时下最新潮、最时尚的款式，雄心壮志地想要大干一场。开业后，为了吸引顾客，稳定人群，小王打起了“开业大酬宾”的广告，实行“买一送一”策略，而且价格也比别的店低得多。结果意想中疯抢一空的火爆场面并没有出现，开业半个多月，只卖出去几件衣服，货全都积压在店里，眼睁睁看着钱打水漂，让小王吃不好睡不安，每天都寝食难安。

为了取经，小王每天就到别的服装店里转悠。几天下来，他发现别人服装店里的衣服质量没自己的好，价钱也比自己的贵，但是生意做得都比自己好。于是，他也决定效仿。回到店里，他做了一个大大的广告牌，把价格提高了一倍有余，再配上动感时尚的音乐。没想到这一招真的奏效了，来买衣服的客人络绎不绝，销量不断攀升，营业额也是一路高涨。

小王怎么也想不通，都说薄利多销，那为什么价钱低了卖不出去，价钱高了反而能吸引顾客呢?

这就需要用到经济学里的“需求价格弹性”概念。

需求价格弹性，简称为价格弹性或需求弹性，是指需求量对价格变动的反应程度。当弹性大于1，说明需求是富有弹性的，就是说这件产品对于消费者可有可无；当弹性小于1，代表需求是缺乏弹性的，消费者不太需要此项产品；当弹性等于1，需求等于单位弹性，消费者正好需要此项产品。而当弹性等于0的时候，需求也完全没有弹性，所有人都需要这样产品。

比如20世纪，大众汽车刚开始带着“甲壳虫”进入美国市场时，由于刚起步没有经销商网络，而且当时的通用和福特也正在开发微型的汽车，竞争比较激烈。在研究了如何刺激需求、增加收益之后，大众公司决定把这款车的价格定得极低。这个时候的价格弹性是小于1，缺乏弹性的。等到两年之后，市场稳定了，大众就把价格上调了20%，虽然这样做会失去一些愿意低价购买车子的老潜在客户，但是每辆车都多卖了钱，数量多加起来就会抵消掉这些减少的销售量所造成的经济损失。到了60年代，大众公司又将价格提升了20%，收益再次增加。四年后，大众公司把价格再次升高10%，升到了需求弹性的水平，使弹性等于1，总收益达到最高。

在我们的现实生活中，有很多商品是缺乏弹性的，比如粮食、食用油等。虽然如今街头巷尾都存在着商品打折的现象，到处都是大甩卖，但是细心的人就能发现，像粮食、油盐酱醋等日常必需品几乎从来没有打过折，就是因为缺乏弹性。

那么，可以有哪些因素来决定一种物品的需求到底是富有弹性还是缺乏弹性呢？由于任何一种物品的需求都取决于消费者的偏好，所以需求的价格弹性取决于许多形成个人欲望的经济、社会和心理因素。

一般来说，必需品倾向于需求缺乏弹性，而奢侈品倾向于需求富有弹性。例如，小麦、大米、食盐这些生活的必需品，它们的需求量并不会因为价格的变动而起太大的改变，难道米、盐的价格上升了，你就不再吃盐、不再吃米了吗？或者米、盐的价格下降之后，你就为了贪便宜，只吃盐、只吃米了？与此相反，当珠宝、汽车之类的奢侈品价格上升时，需求量会大幅度减少；价格降低时，很多人就会趁机购买，需求量就会上升。另外，可以找到替代品的商品往往更富有需求弹性，比如橙子和橘子、随身听和MP3、光碟和磁带。

薄利多销是非常常见的营销措施，是厂家为了打开市场、积累名气而采取的一种低价格、低利润的手段。但是这种策略只能建立在商品需求富有弹性的前提下。实行薄利多销的商品，必须满足商品需求价格弹性大于1，即需求富有弹性。当商品价格下降了，销售量增加的幅度大于价格下降的幅度，才能使总收益增加。

要想熟练地运用需求价格弹性这一策略，必须注意四大陷阱：

一、需求弹性陷阱

上面已经讲过，薄利多销并不是一个通用的法则，首先取决于商品的需求弹性，这项法则对部分商品则存在着陷阱。比如生活用品和耐用品，例如食盐，人们并不会因为食盐价格下降而多消费食盐，也不会因为食盐价格上涨而少消费食盐；再比如手表，理性的人不会因为手表价格的下降而戴两块手表。

二、消费者购买陷阱

消费者的购买心理可能会导致薄利却不多销。对于降价的商品，消费者普遍存在“便宜没好货”“一分钱一分货”的思想，他们可能认为，是因为有新品上架或者这款产品有问题有瑕疵才会减价，又或者自作聪明的人会想，价格这么低，一定是运转出了问题，说不定还会再降，不如等等看。在这些心理作用下，让利并不能真正打动人心，价格越低，可能越没人买。

三、竞争者陷阱

在使用薄利多销的策略时，你的同行对手通常也会为了利益降低价格进行竞争，容易引发混战。同一个地区的所有服装店如果同时降价，但需求量是一定的，价格再低也不会有人不顾实际情况一味地囤货，其结果只能是大家均摊销售量，对所有商家都会造成损失。比如我国21世纪初的彩色电视机价格大战，首先运用薄利多销战略的商家，不但没有达到多盈利的目标，还使得整个电视机行业都受到了损害。

那么如何避免这些陷阱呢？

1.提高产品质量。都说货比三家，比的不仅是价格，更是质量。价格只是影响产品销售的因素之一，作为消费者，更注重产品的质量。像那些路边摊上拿着大喇叭喊着“两块钱你买不了吃亏，两块钱你买不了上当”劣质产品，即使价格再低，也无人问津。质量是产品的生命，是企业生存的基础，只有做到物美价廉，才能吸引更多的顾客。

2.结合目标市场。市场的需求是有限的，只有具备一定的销售市场和潜在的消费人群，才能采用薄利多销的政策。因此，一定要调查清楚市场对商品的需求状况。

因此，薄利多销这项历来被商人们视为经典的经营策略，在使用的时候应该慎之又慎。

最后一名乘客的票价

小林在上海工作，有将近大半年的时间没有回家，在完成一项大订单之后，决定给自己放个假，回老家看看爸妈。

由于是临时起意，并没有事先买好车票，所以小林决定到汽车站门口拦车。

当她急匆匆赶到车站的时候，发现一辆开往老家方向的长途客车正要发车，且还有最后一个空位。她急忙跑到跟前，跟司机商量，能否以50元的价格上车。要知道，从上海到她老家的车票，无论哪个公司的车，明码标价，一律是70元。于是司机拒绝了她的请求。

这时，车站门口不远处还有一辆到她老家的车，私营客车，车上也有空位。小林只好去问他们，车上司机听完之后，二话没说就让小林上车了，当然，是以50元的价格。

乍一看，私营客车的司机让小林50元上车，却享受了别人70元的服务，看起来是亏本的买卖，实则不然。私营客车的司机和国有企业的司机不同，国有公司的司机只有固定的薪水，每车拉多少人，公司赚多少与他无关，而且公司规定不能中途拉客，必须凭票上车。但是私营客车的司机不同，由于是私营，管理不是很严格，除了凭着车票上车的乘客，还可以偷偷地中途拉客，那么多拉的人的车票钱，就到了司机自己手里，与公司无关，所以他并不吃亏，相反还赚了外快。

其实，从经济学角度来看，运用边际分析法分析，不论是个人还是公司，同样都不会亏本。

要想了解边际分析法，首先要了解边际分析法的两个重要概念：边际成本和边际收益。

边际成本是指每增加一个单位的产品所引起的成本增量；边际收益是指每增加一个单位的产品所带来的收益增量。

我们就以上述小林的票价来分析一下：当我们考虑让小林这位最后的乘客以50元这一优惠的价格上车是否合算时，就要考虑边际成本和边际收益。先从成本上看，让小林上车，所要耗损的成本为零，因为就算小林不上车，汽车公司所要损耗的汽油费、员工工资、磨损费、过路费还是那么多，不会因为小林而增加，所以对汽车来说，多小林一个人或者少她一个人根本没什么不同，所增加的成本是零。

再看边际收益。这个例子中的边际收益就是小林所付的车票钱。如果不拉小林，成本不变，但会损失这50元的收益；拉上小林，成本同样不变，却能多出50元的收益。

因此这其实是一个双赢的结果。

在西方经济学中，边际分析方法是指研究一种可变因素的数量变动会对其他可变因素的变动产生多大影响的方法。边际即“额外的”“追加”的意思，指处在边缘上的“已经追加上的最后一个单位”，或“可能追加的下一个单位”，属于导数和微分的概念，就是指在函数关系中，自变量发生微量变动时，在边际上因变量的变化，边际值表现为两个微增量的比。这种分析方法广泛运用于经济行为和经济变量的分析过程，如对效用、成本、产量、收益、利润、消费、储蓄、投资、要素效率等的分析都有边际概念。

小王是一家网吧的老板。由于靠近大学城，在网吧生意最火爆的那段时间里，每天上网的人都爆满，有好多人甚至在因为时间预算不够，想要去续费的时候就被人抢走了位子，还有很多人因为没有空位就离开去了别家网吧。

为了留住所有客户，小王决定扩大网吧的规模。那么他现在就面临着两个选择：一是调整网吧格局，就地增添新的机器；二是增加场地，扩建网吧或者重新开一间更大的店。

那么这个时候，就要考虑边际成本与边际收益了。如果是在现有经营的基础上，进行再投资，那么所增加的只是机器设备的费用，以及这些新增机器运作时的可变成本，比如电费、维护费之类的。其他的固定成本，像房租、网费等则是不变的。因此，这种情况下的边际成本很小很小，几乎可以忽略不计。

而如果想要重新开店，另寻地址的话，机器可以使用原来的旧机器，但是小王付出的成本里还要包括装修费、改建费、增多的租金，还有停业期间损失的收益，以及还要冒着不可预期的风险：万一在停业装修期间，客人被对手抢走了怎么办？

所以，从理论上来说，运用边际分析法得出的结论就是：最好的方法就是就地改建。

企业在判断一项经济活动对企业的利弊时，不是依据它的全部成本，而是依据它所引起的边际收益与边际成本的比较。若前者大于后者，这项活动就对企业有利，反之则不利。

经常坐高铁或者飞机的人都知道，什么时候买到的票最便宜？答案就是在临上车/登机前买到别人退票。铁路/航空公司给出的价格就是依据边际分析法来决定的。假设航空公司的每张飞机票为500元人民币，即每个座位的成本为500。那么它退票后再卖出的票也一定不会高于500，而且往往为了不让退回的票打水漂，一分也赚不到，他们都会低价再售出。

那么再次售出的价格不仅要考虑航空公司的边际成本，还要考虑此时在登机口等着买别人退票的乘客们愿意付出多少成本，即公司可以得到的边际收益。要知道，再次卖出的这张机票里，飞机多余的消耗为零，航空公司付出的成本为零，所以这张机票的价格就是边际收益。因此，如果现在等在登机口的乘客愿意支付300元来买下退回再售出的机票，航空公司会卖给他吗？答案是肯定的，因为航空公司考虑的是边际成本而不是平均成本。只要乘客的支出超过了公司付出的成本：飞机餐、饮料等，那么卖给他就是合算的。

再比如电信公司对新业务进行投资效益前的评估，主要考虑的也是边际成本和边际收益的问题。电信网络的投资规模大、设备专用性高，所以固定投资的比重比较大。相比固定成本，可变量的成本就比较小，因为网络资源的容量是可以确定的，每增加一个用户的成本都很低，而且新增用户对其他用户的使用和消费不产生任何影响，更不会增加运营成本。

所以电信网络投资一个重要的考虑点就是边际成本低，只要新业务的边际收益大于边际成本，那就具有可投资性。

边际分析法在经济学中运用得非常广泛，在应用边际分析法的时候，我们要注意一些复杂的因素：

1.要注意问题中的多个变量，使其能在各个方面满足边际收益大于边际成本。变量决定结果，必须对定量和变量进行分析，并且进行多次检验模拟。

2.考虑问题时，要注意有可能存在的各种约束和风险，以及是否符合应用的条件。

有些人为什么宁买贵的，也不买对的?

冯小刚拍过一部电影《大腕》，里面有一个土豪，他说过一句话："不求最好，只求最贵。"

现实生活中也有很多人秉持着这一观念。这种奢侈式的消费，被很多人误贴上是"贵族"的标签。

高小姐在上海一家外贸公司工作，对她来说，能买到Ferragamo白色挎包是她目前为止最奢侈的梦想，这款挎包折合人民币大约6000块。她才刚刚进入社会工作，现在一个月的收入也不过3000多块钱，去掉衣食住行，也就所剩无几了。

但是高小姐所在的公司很重视员工形象，经常与外国人打交道，所以大家都很注重品牌。相比那些天价服装来说，包包这种配饰可以用很长时间，好几年也不会过时，而且背上之后确实能够提升整个人的气质，特显档次。为此高小姐用了将近半年的时间，省吃俭用，最终把包买回来了。

有一次跟朋友们出去游玩，这些朋友是她毕业工作后新结识的，都是富家子弟，手里人脉很广，因此高小姐非常想跟她们搞好关系。出去玩的时候，她把买的包背上了。到了目的地，大家一起去烧烤，其他人都随手把携带的名牌包包往地上一扔，跑过去挑食物。高小姐也装作不在意把包轻轻放在一起，结果回家之后发现外皮上被划了一道痕迹，心疼得红了眼圈。

高小姐还非常热衷于穿名牌鞋。每次到外地出差，她都要忍受脚被磨破的痛楚，穿着那双Gucci鞋子去狼狈挤地铁。她买的时候，有朋友拦着她说："这一双鞋的钱都够买十双普通鞋了，还可以随心情换着穿，干吗非买这个呀？"高小姐回她："这个问题还用问吗，原因很简单呀，因为它是Gucci，是名牌，所以即便磨脚也不能放弃。"

每次看见高小姐贴着创可贴，像被巫婆施过魔法的美人鱼在刀尖上一样走路时，她的朋友始终想不明白，这得需要多大的毅力。

在国际上，奢侈品一般是指超出了人们生存与发展需要范围的，独特、稀缺、珍奇的消费品。简而言之，就是非必需消费品。

奢侈品是一种价值或品质关系比值很高的产品。而奢侈品消费，就是这种商品价格昂贵，而你明知买不起，买来了也根本用不到，实用价值为零，但你就是要买的一种消费。

那么问题来了，为什么有无数人对奢侈品趋之若鹜呢？

一、身份的象征

在一般人看来，奢侈品就是地位和身份的象征，因为人们一般认为，有能力购买奢侈品的人非富即贵。比如在大众眼中，用得起香奈儿、

LV，开得起保时捷的人，肯定不是一般的工薪阶层，绝大多数都是达官显贵。一个人拥有了奢侈品，被身边的亲戚朋友看到，就等于向他们宣布：我是可以消费得起这个商品的人，有攀比和炫富的成分。

二、价格与质量

众所周知，奢侈品的价格远远高于一般品牌，它的质量也比一般品牌好得多，让人第一眼就有购买的欲望。

三、品位

凡是能称上“奢侈品”的品牌，大抵有着其深厚的文化底蕴。这些品牌历史悠久，是一种文化和工艺的传承，而且奢侈品大多个性十足，不落俗不老套，这样的品牌魅力吸引了一类人士的喜爱，他们追求和崇尚个人的生活品质。

四、时尚

许多人都知道，巴黎每年都会举行很多场时装秀，而每年的时装秀场又都会掀起一股时尚的潮流，占据这股潮流的大部分是奢侈品。这些奢侈品都是伴随着名气极高的明星、模特和公众人物而首次出镜的，这些时尚圈的领头羊们一旦附带着这些奢侈品曝光在镜头下，就会引起粉丝的争相购买。继而通过这些人，又会影响大众的审美和消费。

奢侈品的价格、样式、潮流、奢华都是给时尚人士量身定做的，那些有此爱好的时尚人士又怎会错过呢？

有些人买奢侈品，纯粹是为了满足自己的虚荣、攀比的心理。他们觉得，奢侈品正是因为消费不起才叫作奢侈品，等你有了想买就买的能力时，它就不再是奢侈品了，也就没有买到后的满足感了。对于这种观点，我个人不予置评，毕竟每个人都可以拥有不一样的追求，活得开心最重要，怎样活着不是我一两句话就能左右的。

奢侈品纵然有它的千种好万种好，但是在自己没有能力的时候，各种亏待自己压榨自己来攒钱甚至借钱去购买，这种消费习惯是一种非常不该有的方式。当你有了独立的、充足的经济来源，可以自己独立承担这样的消费，成为那个段位的人士时，根据实际收入水平来消费不是一种更好的生活方式吗？这样的良性消费习惯不才应该是生活的常态吗？

我只是希望，当你拥有一个奢侈品包包之后，可以没有顾忌地背着它出门，坐火车坐汽车，逛街K歌，无论何时何地，即使是把包随手扔在并不干净的地面上，也丝毫不会觉得心疼和舍不得。奢侈品再奢侈，也是拿来用，不是拿来供着的，它只是一个日常用品，千万不要为此所累。

市场只能由几个人说了算

百事公司是世界上最成功的饮料和休闲食品公司之一，在全球200多个国家和地区拥有26万多雇员，2015年年销售额高达630.56亿美元，最近两年连续被评为《财富》“全球最受赞赏的饮料公司”第一名。

而可口可乐拥有百年历史，品牌一直是它最重要的资产，2001年被美国《商业周刊》选为全球价值最高的品牌。据统计，全球每天有17亿人次的消费者在畅饮可口可乐公司的产品，大约每秒钟就能售出19400瓶饮料。

可口可乐和百事可乐的竞争已经持续了一百年，并顺带垄断了整个行业。在如今的可乐市场，无论是口味还是价格，定位还是广告，营销活动还是明星代言，从商业文化到包装变化，可口可乐和百事可乐都处于不相上下的竞争状态，这两个品牌的战火已经不仅限于美国，还蔓延到了全世界。

进军中国市场后，可口可乐一直以正宗可乐自居，占据着中国可乐市场的头等地位。然而作为后来者，百事可乐并没有模仿可口可乐的战略，它邀请无数巨星代言，掀起了一阵蓝色旋风，通过广告效应后来居上。两者的竞争从未停止过，比如在2013、2014年的时候，可口可乐凭借“昵称瓶”“歌词瓶”火了一把；而到了2016年春节，百事可乐则通过“美猴王”触动了大家的情怀，扳回一局。在中国市场上，可口可乐占比40%左右，位居第一；百事可乐则以约32%的市场占有率位居第二。中国经济学学者康荣平先生说：“在包括中国在内的全球碳酸饮料市场，可口可乐和百事可乐二者之间是一种寡头竞争行为。假如没有其中任何一家，两者根本不必花费如此之大的推广成本……”

在这里，我们来探讨一下这种现象。寡头是介于完全竞争和垄断之间的一种市场类型，是少数企业竞争时产生的一种市场。在寡头垄断市场上，少数几家厂商供给该行业全部或大部分产品，每个厂家的产量都在市场总量中占据相当份额，对市场价格等有着举足轻重的影响。寡头垄断的例子有很多，除了上面提到的可口可乐与百事可乐，洗化市场中的宝洁与金佰利，快餐中的麦当劳与肯德基等，同样也是。而高露洁、佳洁士、黑人、中华四大品牌更是我国牙膏市场寡头垄断活生生的例子。

形成寡头市场的原因主要有：

一是长期市场竞争下形成的垄断。即企业通过自身竞争优势所获取的市场垄断，比如微软在操作系统软件领域的“统治地位”。

垄断产生取决于两点：首先是缺乏接近的替代品。如果一种产品有很接近的替代品，即使只有一家企业生产该产品，这家企业也一定会面临其替代品生产者的竞争；其次是存在着进入壁垒。壁垒是指能够保护一家公司免于新竞争者进入而采取的措施，一般有两种：自然垄断和法律保护。

二是政府扶植和支持，即政府通过法律法规进行行政垄断，赋予某个或者某些企业在行业中的垄断“权力”，并同时对其进行一定管制，以改善效率。这种市场形成的主要前提是，这些行业要具有一些自然垄断的属性，比如供水、管道煤气等。

就像中国的石油。全国虽然有着一百多家炼油的企业，但是市场几乎完全掌握在中国石油集团、中国石化集团和中国海洋石油总公司这三大国家石油公司手中。数据显示，中国石油集团和中国石化集团下属两家国内最大的炼油企业炼油能力占全国的90%左右，其他企业加起来总共占了10%。

所以，寡头垄断的主要特点就是，行业内只有少数企业，并且这些企业彼此有协定，默契地通过一些壁垒阻止新企业的进入。

举例来说，20世纪70年代，英国人弗雷迪·雷克冒失地闯进了航空运输市场，开办了一家名为“雷克”的航空公司，为了巩固市场，站稳脚跟，打出名声，他把航班票价定为135美元，比当时所有航空公司的最低票价整整低了200美元。

这样的策略使得雷克公司一经成立便生意不断，如此低廉的票价引得大批消费者光顾。仅仅4年时间，雷克公司的年营业额就高达5亿美元。

雷克公司的这些举动让它的竞争对手——那些历史悠久的知名老公司的老板们气急败坏。木秀于林，风必摧之，不到一年时间，雷克公司就从巅峰坠落，从此消失得无影无踪。

雷克公司为什么会昙花一现？原因很简单，因为那些老牌公司不可能忍受一家新公司“胡作非为”，当时几家知名航空公司联起手来，达成协议，统一行动，使票价远远低于雷克公司的票价，并且运用地位和影响力阻止各大金融机构给雷克公司贷款。

雷克公司生意被打压，没有收入，又难以筹措到资金来进行抵抗，因此很快就破产了。

而等到雷克公司消失以后，几家公司的票价就马上回升到了原来的水准。

通过上面这个例子，我们还能看出寡头垄断市场的另一个主要特征，那就是少数寡头企业相互依存相互影响。当少数企业共同占有市场时，他们往往会采取共同的行动，来限制产量，提高价格，以达到增加经济利润的目的，而且其中一个厂商的任何经营行为都会影响到其他的企业。所以，在决定策略的时候，每家企业都会考虑对手的态度和反应，并考虑对利润的影响。

此外，寡头垄断对经济还会起着促进作用。

首先，寡头垄断市场有利于规模效益的发挥。在寡头市场上，由于厂商数量少、市场份额大、规模水平高，使得它们有能力细化内部的分工、提升专业设备质量、减少生产成本、降低宣传费用、建立广泛而高效的经销网络、研发多种产品来提高绩效。

其次，寡头市场结构有利于大企业形成显著的品牌效应，在广大客户心目中形成的较高的信任度和忠诚度。例如海尔电器、金龙鱼食用油、大众汽车等品牌，都获得了广大消费者的高度信赖。

最后，寡头垄断的市场结构还有利于保证科技研发的投入。因为科技是无法进行模仿的，只有采用更先进的科技才能打败竞争对手。而只有垄断的企业才有意愿、资金和实力去研发投入，最终占领科技的制高点。

空手套白狼并非不可能

在中国古代，白狼是祥瑞的象征，它的出现预示着将有一位圣人出世，每一任国君都以能够得到白狼的青睐为荣，因为这证明他是一位有道明君。“空手套白狼”因此也就成为一句对那些能够不凭借武器，空手把象征祥瑞的白狼套住的贤人和勇士们的褒奖之词。

可是到了当今社会，“空手套白狼”变成了一个贬义词，大概意思是说：一个人以很小的付出或是没有付出就取得了很大的回报，运用到经济学上就是比喻那些不做任何投资、到处行骗的骗子获取利益的欺骗手段。就好比借鸡生蛋，鸡是借别人的，生下来的蛋和所得的利益却是自己的，用别人的财富来为自己创造财富，而自己却没有一点投资。

很多人会觉得没有人是傻子，谁会笨到免费给你提供资本啊。其实不然，“空手套白狼”并非什么都不付出，它也是一种价值交换的过程，说白了，实质上就是一种资源对接的策略，它付出的不过不是金钱等这种实质性的东西罢了。

“空手套白狼”能够成功的前提是在你利用别人赚取到超额利润的同时，而不损害他人的利益，它是建立在双赢的基础上实现的，而且得先让别人得到回报的利益。要想实现“空手套白狼”须具备五大条件：

一、市场

市场资源，简单来说就是以你为媒介，将两个或者多个需求方整合在一起，从而实现双赢或者多赢的局面。市场资源的重点就是需求，只要你能找到有共同需求或者相互需求的双方，并且能将它们绑在一起，那么你就能轻松地从中谋取利润。

说一个例子：我一个朋友，上学时候成绩不好，高中没上完就外出打工了。由于学历不高，又没本事，打了几年工也没攒下什么积蓄。但是他脑子灵活，喜欢挖掘各种能赚钱的门道。有一天，他到菜市场买菜，发现这里的土豆不仅价格贵，两元钱一斤，而且吃起来口感也不好，但是销量却一直都很不错。他想起来，他老家也很多人都种植土豆，淀粉足，又筋道，但是销路不好，价格非常便宜，一斤才卖几毛钱。由于挣不了多少钱，因此一些人就直接拿来喂猪、喂羊等。

于是他灵机一动，如果把老家农户种的土豆运到城里来卖，不就可以大赚一笔了吗?

但是，这就需要提前收购，还要有储存设备，同时运输需要大卡车，运费也很高，这需要一笔不小的资金，该怎么办呢？即便解决了这些问题，如果销不出去怎么办？后来，他先从家里带来了一大包土豆，拿去给那些在菜市场卖菜的小老板们试吃。老板们都觉得确实比自己现在卖的那些好吃，于是都答应从他那里进货，还有一个老板答应把货车借给他使用，钱从进货的钱里面扣。这就解决了运输工具和销路的问题。

然后他回到老家，跟农户们商量买土豆的事，由于都是一个村子的，彼此都认识，知根知底，他就跟农户们协商等土豆卖出以后再跟他们结款。由于他给的价格偏高，农户们也不怕他赖账，就答应了。

于是，他就用老板借给他的车去拉土豆，装车之后直奔这个城市，一家一家送去，一天的时间就把这一车土豆卖出去了。就这一天，他一分钱没花，反而还挣了好几千元。

二、人脉

物以类聚，人以群分。我们听说的看见的那些成功大老板，无一不是通过人脉发家致富的，如那些富二代，说是没有依靠父辈的帮助，但是早就在很小的时候，父辈就为他们打通了成功最关键的一环——人脉。他们所生活的环境，就决定了他们接触的圈子比一般人更广更深。有了人脉，就有了成功的最大资本。

假如你是一个新晋的房地产开发商，你手里有一块地皮，但是没有钱去建设它，这时人脉就可以派上用场了。首先，你可以找到熟识的朋友，让其为你作保；然后再找到建筑商合作开发，说服建筑商先拿钱建房子；再然后去找交好的房产中介，让他们帮你销售。这样在房子正在建设的时候，就可以销售了。而等房子建完了，钱也就到手了。

三、资源

众所周知，一般的饭馆、餐厅之类的餐饮行业是不卖早餐的，所以从晚上十点以后到早上十点之前都是闲置的。一个人就有了一个灵感，想要抓住餐饮行业的这个空当赚钱。于是，他找到一家餐馆的老板，说服老板把这间店面每天早上五点到九点钟的时间租给他，由他来卖早餐，并且保证每天临走之前会把卫生打扫得干干净净。老板听了之后，觉得自己占了大便宜，便答应了。租下店面之后，这个人并没有开始找做早餐的师傅，而是开始联系那些做早餐的小铺子，从他们那儿以相对低的价格买来油条、豆浆、包子等之类的餐点。

由于桌椅不用自己另备，又借了原有餐馆的名气，成本大大降低，每天客流量都非常可观，生意非常火爆。

其实市场上有很多闲置的资源，只要合理利用这些闲置的资源，就可以发展成一条财路。只要你善于发现，并且把这些浪费了的资源利用起来，形成一套可以不断盈利的商业模式，你就可以轻松赚钱。

四、信息

专门靠信息同样可以赚钱，例如：房屋中介、贸易商、职业介绍所、婚姻介绍所等。这个世界上绝大部分的生意，就是利用信息不对等的方式赚钱！简单来说，就是大众不知道而你所知道的信息，你就可以利用起来赚钱！

比如你身边有一位从事拍摄的朋友，一直苦于找不到合适的模特，拍不出想要的效果。而你恰巧认识一个合适的人，身材、脸蛋、表现力都非常出色，于是你就可以从中牵桥搭线，收取中介费。

当然这只是很小的利润，我只是提供一个思路，只要你的思路开阔了，类似这样的赚钱方法还有很多很多。

五、能力

利用能力赚钱，现在流行的技术入股就是最好的体现，但是相对一般人来说，门槛就比较高了。首先你必须有拿得出手的绝活，具备他人没有的优势，这样你才有价值，有价值才有人需要你，你才能赚到比普通人多很多的钱或者实现价值！

自身有能力的人，除了可以合伙创业，要想空手套白狼的话，最简单的方法就是当老师。我所指的老师不是学校里的教师，而是通过教授你所擅长的东西来赚钱。

比如，古筝老师。我认识一位老太太，从小没读过书，大字不识几个，但却弹得一手好古筝，钩、抹、托、揉弦等技术炉火纯青，随便一首古筝曲子到她手里都如天籁之音。

老太太平时什么活也不做，就在自己家里教人弹琴，也不用店面，一分钱不多花，一天一个学生学费一百。每天在家里弹弹琴、唱唱歌，轻轻松松月入近万元。

所以，空手套白狼只是正常的商业运作，并不是真正的零投入，只是你投入的方式不同而已。只要你有信心，有方法，想要成功并非不可能。

第五章
Chapter 5

收入的法则：为什么你总是做得太多，而得到太少？

为什么收入增长比不上物价增长?

还记得去年在报纸上看到的一个消息，说的是同样一件商品，在美国和在国内的价格却出入很大的事例。

要知道，跟美国比起来，中国每年创造的GDP是美国人的好几倍，但是中国人口庞大，所以中国的人均收入却低得可怜。据数据统计，中国人均收入4000多，而美国却已经达到30000多。

在经济学中，低的收入理应会带来物价的下降，但在中国却恰恰相反，反而物价相对较高。

据《中国青年报》记者调查，20世纪末的最后十年，美国的通货膨胀几乎为零，进入21世纪后，初始十年内的消费者物价指数也一直在2%上下浮动。也就是说，在经济高速发展、个人收入逐年提高的同时，美国的物价非常稳定。另一组数据是，近四十年来，中国依次经历了四轮的通货膨胀，货币的购买力在不断下降。

所以，相对于购买力和人均收入水平来说，中国的物价明显高于美国，某些商品的绝对价格也是中贵美贱。

原因在于过去几年的时间里，为了应对金融危机，刺激经济复苏，政府推出了宽松的货币政策，加大了通货膨胀的压力。另外，在一定程度上，连年的货币信贷的超额投放，一些投资者趁机参与囤积居奇、投机炒作也助推了物价的上涨。

根据国际劳工组织公布的数据，中国经济的增长是有效率而且是健康的。但是国民们却没有体会到这种感觉，在国民看来，国家经济高速发展的同时，人们的工资虽然一直在涨，但是增长的速度非常缓慢，而且生活成本同时也在高涨。最明显的当数房价和药价，简直是不要命地往上蹿。若干年前，你能想象到会有“房奴”这一词吗？

物价的快速上涨，与收入不成比例，已经成了社会的主要矛盾，可能有些人对于收入没有物价高没有太大的概念，不如来看一个网上的小段子：

上大学的时候，我喜欢上一个女孩，她对我说：“只要你有钱供我吃饭、看电影、逛街，我就跟你在一起。”

我听了之后，说：“我还是个学生，所有的钱都是花父母的，我连自己的温饱都不敢保证，你的要求我做不到。”转头继续苦读。这点钱也没有。

工作以后，另一个女孩跟我说：“我的要求不高，只要你的工资能达到5000元以上，我就和你在一起。”

可是我当时的工资只有2000块左右，我只能忍痛拒绝，然后努力奋斗。

那女孩又说："那，如果你有充足的时间陪我聊天、带我出去玩的话也可以。"

"可是我是新人，每天要加班到很晚。"

女孩白了我一眼，走了。

几年之后，又有一个我喜欢的女孩对我说："你有房子我就答应你。"我无言以对。

到了30岁的时候，我终于攒钱付了首付，拿到了一所100平方米的房子，那个女孩又说："你有车吗？现在没车谈什么恋爱？"

我试探着说："其实，这个城市的地铁很方便，比开车省时间。"

女孩听了，头也不回地走了。我只能继续为了车子奋斗。

之后的几年里，碰到的每个女孩都挑剔说："你太老了。"于是我只能每天开着自己的车疯狂地上外环兜风……

50岁那年，又有一个女人走进我的别墅说："如果你的身体状况特别差，并保证有两个以上的器官有大毛病的话，我就愿意嫁给你。"

这个时候，我终于有底气说出："我完全符合你的要求！"

表面上看，这个小段子讲的是女孩都太过现实，导致男生找不到女朋友。但是从经济学角度看，它告诉了我们一个残酷的事实，那就是：收入永远没有物价跑得快。

那么原因何在？通过经济学的分析，这是多方面原因促成的。

从市场的角度来看，收入增长比不过物价增长和国家政策及市场的杠杆作用有关系。为了鼓励更多的人奋斗，刺激消费，通常只有在物价上涨到一定程度，居民的收入已经承担不起或者要花费很大一部分收入在消费成本上时，政府才会相应地做出一些调整，上调最低工资的标准。这时候，企业才会因为政府的行政力量和就业者对薪酬要求的提高而被迫给出更高的薪资待遇，工薪阶层整体的工资收入才会慢慢增长。所以，工资收入的增长是永远跟不上物价上涨的速度的。

从另一个方面看，当收入和物价都在上涨的时候，我们能够购买物品的多少和货币的购买力有关。

货币购买力，是指一个单位的货币可以换取商品或者服务的数量。它的高低由两个因素决定：货币价值和商品（服务）价值。当货币价值保持不变，商品或劳务价值提高时，货币购买力下降；当货币价值保持不变，商品或者劳务的价值降低时，则货币购买力上升。

反过来，当商品或劳务的价值不变，而货币价值提高时，货币购买力上升；当商品或劳务的价值不变，货币价值降低时，货币购买力也下降。

比如，你每个月的工资有10块钱，这10块钱可以买到一包方便面，买到的方便面就是你的购买力。因为你有剩余的口粮，于是你把钱留着存起来。过了一段时间后，物价指数上涨了10%，也就意味着一包方便面涨了1块钱，你需要用11块钱才能买到一包。很明显，你的10块钱买不到一包方便面，就是说你的购买力降低了。所以说，物价指数越高，货币购买力就下降得越厉害！

一天早上，到公司后，发现隔壁的同事心情不太好，出于同事间的友爱，我就关心地问他怎么了。同事告诉我，今天早上他起晚了，为了全勤奖，不让自己迟到，就没做早饭，打算在等公交的时候买一个煎饼吃。结果发现，上次买还是两块钱一个的煎饼涨价了，涨到了两块五。卖煎饼的老奶奶跟他说，现在油价涨了，肉价涨了，面价涨了，鸡蛋也涨价了，煎饼没法不涨价，否则赚不到钱了。接着他又想买一个鸡蛋，提前问了下，鸡蛋涨到多少钱了。老奶奶告诉他，涨了五毛，现在得一块钱一个了，不过要是一起买两个，能便宜点，只要一块五。同事说，那必须来两个呀。

同事还在旁边唉声叹气：“你说早点都贵了这么多，咱这工资啥时候涨啊？”

结果，开晨会的时候，老板就向大家宣布了一个喜讯：从本月开始，每个人的工资将上调15%。同事暗暗算了一下自己的工资，发现一个月涨了小五百，于是喜滋滋地告诉我，决定今晚去提那辆他早就看中的车。

到了4S店，同事兴高采烈地对销售小姐说：“我不久前来过，我想看看上个月刚出的××××，10万多的那款。”销售小姐微笑着说：“先生，不好意思，那款车我们上个月是在搞活动，现在已经变回原价了，原价要12万，您这边请。”同事一听，立马就蔫了，但是他还不死心：“咳，不就晚了几天嘛，通通情，10万卖了呗。”销售小姐说：“这可不行，上个月是倦怠期，为了改善销售情况才搞的活动，现在工资涨了，那车不可能再卖那个价了。”

没办法，同事只能垂头丧气地离开了。

其实，现如今，像这位同事那样因为涨工资而激动的人已经不多了，很多人面对涨工资这件事已经非常平静了，因为即使工资涨了，也不过是今天能多吃两片肉，等到明天一过，物价也会随着涨，生活还是照旧。

为什么高收入者的薪水比普通人涨得更快

前几天，去参加了大学同学聚会，好友跟我抱怨，在公司里勤勤恳恳劳碌了这么些年，还是守着那点养不活自己的工资。而另一个同学则满面春光，这几年屡次听到他升职加薪的消息，现在年薪早就过百万了。

这不禁让我想起一个有趣的经济学现象：在第二次世界大战过后的三十年中，不论是高收入者还是低收入者，他们的收入增长比率都是差不多的，每年都维持在3%左右。但是，1980年后，收入差距开始被拉得越来越大，高收入者的薪水增长越来越快，而低收入者的薪酬增长缓慢，甚至好几年都没有增长。

直到现在，一些低收入者的工资水平仍停留在“二战”后的水平，但是有超过1%的高收入者收入已经比那个时候翻了三番不止，而且收入越高，增长的幅度就越大。据一项调查显示，在20世纪80年代，美国大企业CEO们的薪酬抵得上普通职员的40倍，而现如今，他们的薪资差不多是普通职员的近500倍。

为什么会出现这一变化呢？经济学中的“马太效应”或许能给我们一些启发。

马太效应指的是一种强者越强、弱者越弱的现象，这个术语在20世纪60年代由美国科学史研究者罗伯特·莫顿率先提出。之所以叫作“马太效应”，是因为《圣经》中的一则寓言，讲述的是这样一个故事：一个国王要出门远行，临行前，他叫来他的三个仆人，把自己的家当分成三份交给他们——第一个仆人给了五千两，第二个仆人给了两千两，第三个仆人给了一千两，然后跟他们说：“你们拿着这些钱去做生意，等我回来时，连本带利交给我。”

等到国王回来之后，第一个仆人说：“主人，你交给我的那份资产，我已经用它赚回了十倍。”于是，国王夸赞他是一个能干又忠心的仆人，并且奖励他十座城池。

第二个仆人说：“主人，我用你给我的那份资金赚回了五倍。”于是，国王也夸奖他精明，奖励他五座城池。

第三个仆人说：“主人，我怕不小心遗失了你交给我的那份资金，所以我一直把它藏着。你看，这是你给的一千两。”

结果，国王大骂他愚蠢又懒惰，下令把第三个仆人的钱赏给了第一个仆人，说道：“凡是少的，就连他所有的也要夺过来；凡是多的，还要给他，叫他多多益善。”

这就是“马太效应”。罗伯特·莫顿用以概括一种社会心理现象：“相对于那些不知名的研究者，声名显赫的科学家通常得到更多的声望，即使他们的成就是相似的。同样地，在同一个项目上，声誉通常给予那些已经出名的研究者，例如，一个奖项几乎总是授予最资深的研究者，即使所有工作都是一个研究生完成的。”

推而广之，罗伯特·莫顿认为，在任何一方面，比如地位、名誉或金钱等，某个个体、群体或地区获得了成功和进步之后，就会产生一种优势的累积，就会有更大的可能去获得更多的成功和进步。

我国古代思想家老子曾经提出过相似的理论，在《道德经》中有这样的一句话：“天之道损有余而补不足，人之道则不然，损不足以奉有余。”其大意是：自然法则，是减少有余来补充不足，而人的世俗做法却不是，通常都是损减贫穷不足来供奉富贵有余。

后来，这一理论被广泛运用于社会心理学、教育、金融以及科学等众多领域。在经济学中，它反映的是一种富有的人越富有，贫穷的人越贫穷，赢家通吃、收入分配不公的现象。

简单举个例子吧，去年的富豪榜上，王健林以2200亿荣登亚洲首富，而他的儿子王思聪也以40亿资产上榜。看到这个消息，一般人肯定都会说什么“有其父必有其子”之类的话，其实呢，这并不是什么“龙生龙，凤生凤”，而是典型的马太效应罢了。王思聪起家的第一桶金，不是天上掉的，也不是他自己挣的，是他爸爸给的——5亿，这是一笔平常人一辈子也不可能赚到的资金。

在日常生活中，“马太效应”的事例简直数不胜数。凡是上过学的人都应该有这样一种经历：某个同学平时的表现并不是非常突出，可是一旦获得某种荣誉，然后其他的荣誉就接踵而来；或者，每次选举班干部的时候，当选的总是那些原来就当过的同学，这并不是说其他人没有上进心和责任心，而是通常情况下我们都相信那些“有经验的人”。

大学生找工作也是一样。大多数招聘启事上都会写着“有相关经验者优先”，即便招聘启事不写，面试的时候面试官也会问你有没有过相关的工作经历，一棍子打死了一帮零经验者。于是有经验的人越有经验，越容易找到工作，容易升职加薪；而没有经验的人越学不到经验，越难找工作。

其实，就连我们所熟知的微软也是“马太效应”的获利者。从一开始的DOS系统到如今的Windows系统，电脑操作系统90%以上的市场份额都是由微软把控着，这为它积累了巨大的信誉。因此你会发现，在现代社会中，已经不再是微软去迁就已开发的软件，而是绝大多数硬件和软件开发商主动兼容微软的系统。因为他们知道，市场掌握在微软手中，一旦研发的系统与微软不兼容，那无异于自掘坟墓。这样的循环往复就使得微软越来越强大，它越强大，就越有人跟着它的脚步走，而越有人追捧它，它的地位就越高。

所以马太效应就向我们解释了为什么那些著名企业能够长久不败。那些大企业有着坚实的基础和丰富的资源，就比那些小企业具备更强的抗风险能力，所以它们才能长久屹立于商界之林。

强者总会更强，弱者反而更弱。所以，如果你不想在你所在的领域做一个失败者的话，你就要努力成为这一领域的领先者。当你站在了巅峰上，即便投资的回报率是相同的，你也能轻易地获得比其他弱小的同行更大的收益。

为什么有些企业愿意支付高工资

20世纪初的美国，一些企业中都存在一个很严重的问题，那就是工人普遍消极怠工，导致生产力大大下降。

为了找出一种能使工人积极工作的方法，福特公司的创始人、汽车大王亨利·福特绞尽脑汁，开发出了世界上第一条生产流水线。但是工人仍然存在着怠工的情况，导致自动流水装配线不能正常运行。

为了解决此问题，福特走访了企业上下，在企业内部搞了详细的调研，最终得出结论：监督是难以奏效的，越压迫越反抗，最好的方法是能让工人自己主动不怠工。于是他做出了一个惊人之举：在当时市场平均日薪为2.34美元的情况下，把企业所有工人的工资提高到5美元一天，整整提高了一倍有余。

一时间，所有人都议论纷纷，甚至一些经济学家预言福特公司将因为支付如此高的工资而破产。结果福特公司不仅没破产，反而越来越多的求职者到福特公司求职，原有的工作人员也变得勤奋起来，公司的生产率大幅提高，利润大幅增长，成为当时实力最雄厚的汽车公司。

针对福特的这一行为，有人称赞其为慈善家的善举，但是他自己却说："我是企业家，不是慈善家。我的目的是提高效率，而不是扶贫。"

对于一个公司的老板来讲，成本越低，效率越高，生意就做得越好。如果你问一个公司老板怎样降低成本，十有八九的老板会告诉你压缩经营成本，或者直接严格管控工人工资，说白了，就是给工作人员一份与自己付出完全不相称的低工资。经营成本低是企业竞争的一大优势，是做生意的法宝，因此有一些企业长期实行低工资政策。

但是也有一些企业正好相反，它们往往主动向员工支付高工资，并且发展得非常好。巨人网络集团董事长史玉柱曾经说过："我从过去下海到现在已经几十年了，总结下来，给员工高工资的时候，实际上是成本最低、公司利润最高的时候。"

同样地，华为也是一个这样的企业。2011年，华为员工的平均年薪超过28万元，2013年更是超过30万元，在中国通信行业中遥遥领先。源源不断的高素质人才的输入，支撑了华为多年来的高速发展。而之所以能有源源不断的人才，正是由于华为高薪酬的政策。

作为一个热门行业，通信行业的人才一直是供不应求，每年大学生毕业期就是各大公司人才争抢的高峰期，然而那些有能力的人才都会被华为揽入麾下。谈及华为招聘，最让人印象深刻的就是它的高工资、高福利。比如一个应届本科生，一般通信公司给的工资是4000元左右，而华为则会给出5000元的高价。所以，华为现在才能人才济济，创意多多，在求职者中享有较好的口碑，才能成为同行中的中流砥柱。

华为员工的高薪不仅仅体现在工资上，还包括股票分红和补贴等奖励。经过多年的演变，华为逐渐形成了一套合理的、有竞争力的、完整结构化的薪酬体系。

所以说，有些企业愿意支付高昂的工资并不是没有道理，而是有利于企业的高效运营的，这种现象在经济学里被称为“效率工资”。

效率工资并不是按照员工的工作效率支付工资，而是给予员工高于市场平均水平的工资，以提高员工的工作效率。效率工资是一种筛选机制，它通过高于市场平均工资的工资水平，挑选出优质员工，并将他们留在企业内部。

“效率工资”理论的发展历经三个阶段：

第一个阶段是夏皮罗和斯蒂格利茨在1984年提出的“偷懒模型”。他们认为人在工作时都有偷懒的倾向，因为即使偷懒被逮到、被解雇，他们随时还可以找到一份同样条件的工作。但是如果支付的工资高于市场的平均工资，那么员工在想要偷懒的时候就会考虑到被公司解雇的成本，他很难再找到一份高于现在薪酬的工作。所以支付高工资能够激励员工少偷懒，提高工作效率。

第二个阶段是由2001年诺贝尔奖的得主阿克洛夫和他的妻子耶伦共同提出的，他们研究了工资与效率的关系，认为员工心中都有一杆关于工资是否公平的“秤”，一旦老板给的工资低于员工心中的工资，员工就会少出力；如果工资高于员工心中的工资的话，他们干活的时候就会多出力。所以支付高工资能让员工工作更卖力。

第三个阶段就是现在的“效率工资”理论，这种理论认为支付高工资不仅能降低现有员工辞职的概率，降低雇佣培训新人的成本，还能激励更多的人来工作，从而有利于让企业选择到能力更强的员工。

那么，效率工资能够给企业带来哪些好处呢？以华为为例：

1.争取人才

薪酬是招人的重要手段。时下许多公司经常招不到员工，不是因为人才稀少，而是因为薪酬太低。比如，一些沿海地区出现民工荒的现象，就是因为现在工资还停留在十年前的水平，就更别说工作条件差、工作时间长这些苛刻条件了。

不同于一般的传统产业，通信行业是一种高科技行业。它依赖的不是资源，而是科技，它发展的好坏取决于其自身的研发能力，说到底也就是专业人才。

而通过高薪政策，华为往往都是在别的公司还没开始行动时就快人一步与专业技术人员签订了就业协议。

2.创造价值

前面讲到，华为有一套自己独特的加薪、提拔制度，关键一点就是员工的薪酬跟员工创造的价值挂钩，高绩效的员工获得提拔的机会更多，待遇更好。这种制度有助于优秀的员工脱颖而出，而优秀员工能够创造更高的价值，做出更大的贡献。

3.留住人才，优胜劣汰

对于一些工资低的公司，其员工也都是抱着一种以此为跳板、积累经验的心态在骑驴找马，一旦等到业务上手了就会另谋高就。因此工资低的公司在市场中往往只能担任一个“培训学校”的角色，永远都在不停招聘，还吐槽员工是“养不熟的白眼狼”。

相反，高薪公司往往能够留住人才，因为员工没有跳槽的动机，别的公司给出的薪酬不会超过他现在的薪酬，所以他会珍惜现在的工作。并且，高薪公司还会不断来优化人力资源结构。例如，华为公司一直使用末位淘汰制来优化人力资源结构。

在运用“效率工资”理论时，我们一定要注意以下三点：

一是效率工资具有针对性。如果你将公司里所有人的工资都提高到同一水平，那么像那些总经理或工程师等中高层的管理人员和技术人才就会产生不满，因为他们为公司创造的收益是远远大于其他人的，这样就会使他们觉得不公平，渐渐地变得消极怠工。所以说效率工资针对的是普通员工。

二是效率工资具有相对性。效率工资是相对于市场上的平均工资而言的，要维持这种工资水平必须以工资换效率为前提。我们要注意的是，如果整个社会或者整个行业的工资水平都提高，这其实并不是效率工资。

三是效率工资体现的是对工人的关心，它不仅仅指工资水平，还包括其他福利和工作条件。就像华为公司一样，就算你的工资与本行业工资水平一样，但是他们的福利更好，工作条件更优越，这也算作一种“效率工资”。

分粥为什么这么难

从前，有七个人在一起生活，每天都要共同分食一锅粥，因为人多粥少，而且没有能够称量的用具和有刻度的容器，所以每次分粥都分不均匀。每天吃饭时，他们都争先恐后，因为先到的往往能吃得多，吃得饱，这样不仅导致秩序混乱，而且还耽误时间，彼此互相埋怨，心存芥蒂。

终于有一天，他们觉得这样下去不行，于是为了解决每天的吃饭问题，怎样合理公平地分一锅粥，他们各自发挥自己的智慧，尝试了很多种不同的方法。

第一个方法：一开始，他们决定随便指定一个人负责分粥，其他人不得插手。但是很快大家就发现，这个方法一点也不合理。因为分粥的这个人总是先给自己盛粥，而且每次都是自己分的粥最多。所以每天只有分粥的那个人能吃饱，其余人还是饿着肚子。

于是在大家的抗议下，大家又换了一个人，但结果还是一样，总是主持分粥的人碗里的粥最多最好，其余的人都吃不饱。

所以大家又换了一个方法：大家轮流主持分粥，每人一天。这样等于承认了个人有为自己多分粥的权利，同时给予了每个人为自己多分的机会。虽然看起来平等了，但是每个人在一周中只有一天吃得饱，其余六天都饥饿难挨。

无奈之下，大家只能采用第三种方法：大家选举出一个信誉很高的人来主持分粥，并且找了一个人监督他。刚开始，这个品德比较高尚的人还能基本保持公平，但是渐渐地，他碗里的粥也变得越来越多了，

那个监督他的人，刚开始还会履行职责，监督他分粥的情况。但是自从有一天分粥的人找他深谈之后，他就慢慢放松了。后来大家渐渐发现，监督者变成了第二多的人，这才知道他们俩变成了同谋。

于是，他们又尝试了第四种方法：把人员分成两派，选举出分粥委员会和监督委员会，形成监督和制约。公平基本上做到了，可是由于监督委员会常提出多种议案，分粥委员会又据理力争，等分粥完毕时，粥早就凉了。

最终，他们总结教训，吸取经验，想出了第五个方法：仍旧是每个人轮流值日分粥，但不同的是，分粥的那个人必须最后一个领粥，要等到其他人都挑完后再拿剩下的最后一碗。

这个方法终于将公平进行到底了。在这个制度下，每天七只碗里的粥都是一样多，简直比科学仪器量过的还准。因为每个主持分粥的人都意识到，如果七只碗里的粥不一样多的话，他就只能拿到那份最少的了，所以自然每碗粥都是不多不少正好。

从此以后，他们每天都能吃上均等的热粥了。

这则故事除了体现出人性以外，还告诉我们效率与公平的关系。上例中的前四种造成分粥不公平的方法，都只是光有效率而忽视了公平。只有第五种方法，看似简单，却既体现了公平，又提高了效率，隐含了深刻的管理内涵，具有更宽广的适用性。

效率和公平的实质就是如何管理，如何把蛋糕做大，又如何使蛋糕分得更均匀一些。在公平与效率之间，既不能只强调效率而忽视了公平，也不能因为公平而不要效率，应该寻求一个公平与效率的最佳契合点，实现效率，促进公平。

除此之外，上述例子更多体现出科学管理的重要性。

这是现代经济学中关于制度设计与制度管理的一个著名理论，叫作“分粥理论”。

企业管理中，最基本的理念就是人的本性都是趋利避害的，都是为自己着想的，所以公司需要有人治理，否则人人为己，就是一盘散沙。其他经济组织、政府机构也一样需要治理。“无规矩不成方圆”，人的天性中有自私自利的一面，因此必须要有适合的制度和机制去规范人的行为。

什么是制度？制度就是为了处理群体之间矛盾和利益而制定的规则。对于制度的定义，凡勃伦说：“制度，实质上就是个人或社会对有关的某些关系或某些作用的一般思想习惯。”而经济学家诺斯的定义更为简洁，他认为制度是一种社会游戏的规则。现代经济学中是这样表述的：“制度是非常重要的，制度是人为选择的，是交易的结果。好的制度浑然天成，清晰而精妙，既简洁又高效。”

那么，什么样的制度才是好的制度？制度的好坏，不在于规矩的多少，也不在于总结了多少前人的经验，而在于是否简洁明了，是否公平实用。能够达到目的、适合的就是最好的。而所谓合适的制度，不仅要符合人性，还要符合实际的需要，是能令大多数人信服并能自觉遵守的。

就好比上述分粥的例子，最后让大家满意、吃上等量的粥的方案，其实和第一个方法是差不多的，只是多了道谁先挑的程序，就能够让所有人满意。适合的制度没有最好，只有更好。要找到合适的制度，就要在实践的过程中不断地创新、与时俱进，持续提升制度的实效和竞争力。

这就是制度。归根结底，它是经济主体的自然选择，是不断博弈的结果。往往一个好的制度能够正向地引导一个系统，大到社会、小到一个班级都是如此。我们上学的时候，为什么要有班规和校规？就是为了便于管理，更好地引导学生良好的风气。而社会上为什么要有法律的存在？也是为了维护秩序，引导社会人的正确思想。否则，整个世界就会乱套。

那既然“分粥”这么难，我们为什么还要分呢？为什么必须要有制度？

因为人都有利己主义倾向和机会主义倾向，如果没有某种规则或制度加以约束，那么他就会随着环境和时间的变化而损害别人的利益，使自己的利益最大化。就像口头协议一样，没有合同的法律约束，随时都存在着其中一方变卦毁约的情况。

这样一来，如果所有人都抱着利己思想，不受到约束的话，那么交易就会变得非常麻烦。比如，你先看中了某样东西，跟老板商量好了价钱，结果这时从旁边又来了一个人，他也看上了这件产品，为了买到它，付出了双倍的价钱，那么这个时候，如果没有制度约束的话，老板一定会为了增加利润而卖给后者，那么你就将面临着失去这件产品或者以更高的价格买下这件产品的结果。我想，这两种结果都不会是你想要的。

“分粥理论”启示我们，公司就像一个大机器，而制度则可以使机器的各个组成部分相互作用，让机器发挥它应有的功效。同样地，国民经济是一个有机的整体，具有内在的构造和特定的联结方式，在国民经济这个大系统中，各个部门、各个环节之间都存在着一定的联系，例如信息和资金的交换、资源和人力的配置、各部门各环节之间的协调与平衡。

我们需要研究的经济运行机制，就是怎样调节每个部门的和谐，联结每个环节的平衡，使它们在运行过程中发挥各自的功能，达到最佳的效应，获得最大的利益。

身高与收入之间的关系

在美国，对于肥胖的偏见非常严重，算得上一种歧视了。在美国人看来，肥胖是自制力不强、意志薄弱的表现，所以相较于正常体重的人，企业的老板很少愿意雇用肥胖人士，以至于肥胖人士的收入普遍不高。

其实，世界上还有一种与之类似的歧视——对身高的歧视。这种就业歧视目前已经变成了一个不争的事实，像是一些体力活，身高会是用人单位的基本要求之一，因为往往我们会认为最高的人也是身体素质最好、力气最大的那个，能完成强度较大的任务。

现在身高优势在办公族中间也越来越明显了，公务员、前台、交通行业等，每一个招聘公告上都会对身高做出硬性规定，即使你能力再强、专业再好，只要你身高不过线，就连面试的资格都没有。

一个身高堪堪擦过一米七的小伙子，大学毕业后才发现，找工作是一件极其困难的事情。他给好几家公司投了简历，都没得到面试的机会，拒绝他的理由都是同一个：身高不过关。

有一次，他的导师帮他牵线，给他介绍了一家公司。他面试的时候，面试官提出的很多专业知识他都对答如流，对他的想法也颇为认同，相谈甚欢。到了最后，面试官像是突然想起什么似的，问了他一句："你有多高？"

又来了，小伙子心想，脸色一下子就凝重了。抱着破罐子破摔的想法，小伙子道："170厘米。"面试官的脸色也随即变得玄妙起来，似是有些不舍，又很为难。小伙子心里便清楚了，又是白跑一趟。

这种不公平待遇，不仅体现在应聘上，更加体现在找对象上。

好不容易找到一份工作，安定下来之后，结婚的事情就被父母提上了日程。但是现如今的小姑娘找对象，第一要有钱，第二要有貌，有貌的具体表现就是有模样有个头。在婚姻市场上，不少女士在选择另一半，或者丈母娘挑女婿时，就把身高列为硬性条件之一，相亲市场间流传着一句话："身高不到一米七，长着吴彦祖的脸也是残废。"就算偶尔遇见个不在乎身高的好姑娘，也过不去丈母娘那关。所以，小伙子历经无数次相亲血泪史之后，依旧没能成功把自己推销出去。

相亲不成功的另一大原因是工资问题。小伙子辛苦工作了三年，工资一分钱没涨，相比同龄人的薪水短了一大截。眼看着周围的同事一个个都在拼，有的拼到升职加薪，有的拼到另起炉灶。但是小伙子依旧安安分分，守着那点死工资，抠抠省省过日子，因为他碍于自己的身高，感觉到自卑，没有那份勇气去闯。

随着每个人年龄的增长，阅历的增加，很多意识都发生了改变，比如人生观、是非观等，但是对于高矮胖瘦的审美仍然没有淡化。有一个不可否认的事实是：身高高的人不论走到哪里都有明显的优势，更有某些职业只招收身高高的人，比如模特、空姐、军人、运动员等，而这些职业往往又都是高薪职业。

人们惊奇地发现，一般白领人群里，管理高层的身高往往都比普通职员要高；销售行业里，经理的身高也高于普通销售员的平均身高；甚至在教师、医生和铁路员工这些行业，身居高位者的平均身高也比普通职员要高。这种现象甚至已经波及了美国总统的选举。根据美国心理学家吉里斯在1982年出版的《太矮，太高》一书中研究发现，在近五十年的总统选举中，个子高的人当选的比例达到了80%，美国总统的平均身高远远高于社会平均身高。

从经济学角度上来看，身高歧视是一种带有偏见的、不合理的资源配置行为，会损害劳动者的工作机会和就业权利。大量的科学研究证明，身高与招聘、晋升、婚姻、待遇等存在着某种联系。研究表明，一个人的身高每上涨1英寸，即2.54厘米，不论男女、不论职业，收入就会随之上升，女性的收入会增加1.8%，男性则会上涨2.2%。

这是一个圈内循环：身高会影响一个人的社会受尊重程度，而反过来说，社会受尊重程度也会影响个人的自信。而个人的自信会影响一个人的表现，表现又会影响一个人的事业与收入。具体表现为：

一、影响应聘。在某些管理者心中，招聘员工凭借的是一些主观、具体的细节，而不是客观地评价这一应试者的工作能力。可以这样说，他们基本都是“外貌协会”的成员，在他们的人际交往中，身高较高的人更能给他们留下印象，符合他们的标准，更具应聘成功的优势。

因此，身高较高的人在社会地位方面更高。就好比武大郎与武松，要说起来，他们乃是一母同胞，武大郎长得差，武松长得也帅不到哪儿去，但为什么武松的形象就是威严高大的呢？不过是因为身高罢了。武松健壮魁梧，身姿挺拔，相较矮小的武大郎，自然显得雄姿英发，才能在徒手打虎后被人尊称一声英雄。

二、身高会影响人的自信。有时候，很多心理问题是由生理问题引起的。在一个人的自我认识中，身高对自信的影响最大，个头矮小的人往往信心不足，担心他人的有色眼光，不愿尝试，畏畏缩缩，从而影响到事业的发展。

那么身高到底是如何影响收入的呢？美国普林斯顿大学的两名学者凯斯和帕克森做了一项研究，研究结果告诉我们：身高对收入的影响主要是因为身高和智力成正相关，即高个子的人要更聪明一些。我想，爱因斯坦听到这句话一定会生气的。

他们在儿童3岁的时候开始跟踪调查，直至这些孩子成年。在研究中，他们发现，高个子的儿童智力更高，而等到他们成年后，高个子的收入也更高。这个数据的准确率达到70%。

那为什么高个子儿童以后的收入更高？我的理解是，那些在小时候就更高的孩子，思路更广，也更容易被他人友善对待，所以他们的情绪更稳定、更理智、更有自信，交际能力更强。而这种自信和交际能力在他们长大之后，对他们的工作和职业都是有帮助的。

而对于高个子儿童的智力高这一点，凯斯和帕克森也给我们做出了解释：营养。影响儿童身高和智力的主要因素有两个：先天的基因和后天的营养。先天的基因我们无法控制，所以我们就只在这里讨论一下后天的营养。如果一个家庭比较有钱，那么在母亲怀孕期间和小孩出生后，成长阶段所需的营养都能够得到保证。所以小孩的智力发展就会正常，并且身高要比缺乏营养的孩子高。

所以高者更富，可能会成为未来的一种趋势。

最后一碗汤最难喝

俄国著名预言家克雷洛夫写过一则寓言，叫作《杰米扬的汤》，讲的是这样一个故事：有一个叫作杰米扬的人，非常擅长烹饪鱼汤，他做的鱼汤总是特别鲜美，而他本人也以此为荣。

有一次，杰米扬准备了一大锅汤，请他的朋友福卡前来品尝。鱼汤又香又稠，表面上浮着一层油，在盆子里凝结起来，像琥珀一样，用的鱼都是肥美的鲈鱼和鲟鱼。

杰米扬热情地招待朋友，福卡很快就喝完了一碗，享受极了，简直回味无穷。没等到朋友放下碗，杰米扬就盛来了第二碗。朋友边和他说话，边慢慢品味，第二碗也很快就下肚了。接着，杰米扬又端来了第三碗，朋友已经有些饱了，但是杰米扬太过热情，便不好意思拂了对方的好意，一口一口很勉强地喝下了第三碗。

结果，杰米扬又端来了一碗，朋友实在喝不下了，说："不，亲爱的朋友，吃不下了！我已经吃得塞到喉咙眼了。”

“没关系，就一小碗而已，吃得下去的。”

“可是我已经喝了三碗了！”

“但是这么美味的鱼汤可不是每天都能喝到的呀。”

“那，我就喝这最后一碗。”没办法，福卡只能艰难地喝完汤，然后努力压下自己想要吐出来的感觉，马上站起身来，拿起自己的东西，用足全力跑回家去了，而且从此再也不上杰米扬的门了。

为什么杰米扬热情地用鱼汤招待朋友，朋友却被吓跑了，从此再也不敢来做客了呢？因为对于这个客人而言，第一碗汤味道鲜美，令人享受，但是第二碗汤就没有第一碗带来的满足感了，等到第三碗、第四碗就已经完全不是在享用美食，而是一种折磨了。他的满足感在逐渐递减，这就是边际效用递减规律。

经济学上有一个很重要的概念——边际。边际是一个经济学术语，一般是指新增的意思，由此引申出了边际效用。边际效用指的就是消费者多消费一单位商品而得到的新增加的效用。但是边际效用并不都是正面的，有时候，边际效用也是会递减的。

边际效用递减，是指在一定时间内，在其他商品的消费数量保持不变的条件下，当一个人连续消费某种物品时，随着所消费的该物品的数量增加，其总效用虽然相应增加，但物品的边际效用，即每消费一个单位的该物品，其所带来的效用的增加量有递减的趋势。

通俗地说，好比吃饭。当你非常饥饿，十分需要吃东西的时候，你吃下的第一口饭效用最大，你的感受是最痛快、最爽的，但是当你继续吃下去的时候，你每吃一口，所增加的效用就会越来越小。因为你的饥饿程度在逐渐降低，你对下一口饭的渴望值也不断减少。你的饱度就是一个限度，就是边际，当你吃到完全不饿的时候再吃下去就感到不舒服，再继续吃下去会越来越感到不适，甚至到最后会越吃越讨厌，这时候的效应就是负数。

举个最简单的例子，就拿过年来说，每年过年，最兴奋、最积极的都是小孩子们，为什么？难道大人们都不喜欢节日吗？不是，像一些什么情人节、圣诞节他们过得一个比一个起劲。那是他们崇洋媚外？也不是，最大的原因就在于过年的边际效用递减了。当大人们还是小孩子的时候，他们也像如今的孩子们一样，逢年过节都会特别激动，走街串巷、呼朋引伴。而一年又一年，时间的流逝中小孩子渐渐成人，过年对于他们来说已经没有了吸引力，甚至等到他们为人父母，升级为长辈之后，过年只会让他们感受到劳碌，感受到吵闹，效用就渐渐变成了负数。

理论上讲：边际效用是消费者的心理感受，消费者购买物品的目的就是为了从这些物品中获得效用，得到一种满足的感受。当你初次消费某种物品时，心里的满足程度就高，但当同一种物品被不断消费时，人在心理上的兴奋程度或满足感必然减少。或者说，随着消费数量的增加，效用不断累积，新增加的消费所带来的效用增加越来越微不足道。

美国总统富兰克林·罗斯福在连任三届后，又当选了第四任总统。在他就职的时候，一位记者采访他，问他对于自己连任四届作何感想。罗斯福一言不发，只是拿出一块三明治面包让记者吃，记者受宠若惊，觉得自己被总统请吃东西，很荣幸，所以很快就吃下去了。

接着，罗斯福又拿出第二块请记者食用，这位记者不明白总统的用意，又不便问，但是自己已经不需要了，只好硬着头皮勉强吃了。紧接着总统拿出第三块，记者为了不撑破肚皮，赶紧婉言谢绝。这时罗斯福总统微微一笑："我想现在你知道我的感受了吧，因为你已经亲自感受过了。"

为什么记者不再吃第三个面包？因为再吃不会增加效用。就好像现在生活富裕了，吃饭的条件变好了，但是老一辈的人却总是会说，天天吃着大鱼大肉，也再吃不出当年只有一点肉末的饺子的香味了。

边际效用递减的例子在生活中随处可见，像小时候，和小伙伴一起玩的时候，新游戏总是特别受欢迎，等到玩了一遍、两遍，一天、两天，新鲜劲一过，就不觉得好玩了。

在消费中，这种情况更是数不胜数。比如你公司附近新开了一家快餐店，你第一次去吃的时候，觉得特别可口，特别好吃，店里的人流量也非常大。但是如果你一直吃这一家店的饭，渐渐地，你就会感到厌倦，同时你也会发现，人流量在逐渐减少，因为其他消费者也像你一样，边际效用在递减。

消费者购买物品是为了效用最大化，消费者愿意为购买某种物品付出的价格，取决于他能从这些物品中得到多大的效用。物品的效用越大，消费者愿意付出的价格就越高；效用越小，愿意付出的价格就越低。

所以，根据效用理论，一个企业在决定生产什么样的产品时，能给消费者带来怎样的效用是首先要考虑的问题。一个企业要想成功，想使自己生产出的产品受到欢迎，能卖出高价，在市场上站住脚，就要分析消费者的心理，多大的效能才能满足消费者的偏好。

而且，随着同一种产品使用量的增加，消费者的边际效用是逐渐减少的。我想大家都有过这样的经历，一个牌子的牙膏用久了，某天打折或者别的原因有了另一牌子的新牙膏。这个时候，你就会想，旧的牙膏怎么还没用完，这个味道越来越不好闻了，等等。每每到最后，旧的牙膏明明还没用完就被扔掉了。

所以，如果企业只生产一种产品，它带给消费者的边际效用就在递减，消费者愿意支付的价格就低了。因此，企业的产品要不断地创新，不断创造出丰富多样的产品。即使是同类型的产品，只要味道、包装不相同，就会很好地减少边际效用递减。

因此，有很多聪明的企业就把同一种类型的产品做成不同的样式，比如宝洁公司，同样都是洗发水，但是品牌和功能不一样，这样就成为了不同的产品，能够满足不同类型的消费者，这样就不会引起边际效用递减，给企业带来不利影响。

在这个看脸的社会中，美丽应不应该收税？

《世界奇妙物语》是日本一部涵盖诸多元素的电视系列作品，2016年春季特别篇里有一篇创意非常不错、让我印象很深刻的故事——《美人税》。这篇故事从现实背景出发，讲述了在如今这个看脸的社会里应不应该对美丽收税？

美丽的东西总是被人欣赏的，美丽的人也总是有特权的，只要你长得好看，犯了错有人罩着你，没钱花有人送给你，升职加薪更是分分钟的事。如果没有这些好处，试想为什么现在还会有这么多人承受着巨大的花销和风险去化妆、去整形呢？

对于普通人来说，这无疑是一件非常不公平的事儿，因此也许有人会问：美人们得了这么多好处，应不应该付出点什么呢？

《美人税》正是在这种背景下大开脑洞：在女主角生活的时代，因为太多普通人的投诉，政府为了维持社会的公平，决定对美人进行收税，来抑制美人们凭借美貌从其他地方得到的好处，并为此定下了“美”的标准，研发出一种机器，可以识别和判断每个人的美貌值，长得越美，税交得越多。

这一提议立即遭到了美人们的抗议，集体举行游行，反对这一规定。女主角也身在其中，而且她是唯一一个需要交纳20%税的人，是交税最多的人。但是渐渐地，美人们放弃了抗争，因为她们发现她们突然高人一等了，男人迷恋她们，女人嫉妒她们。为了不让自己失去交税和证明自己是美人的资格，她们开始攀比，拼命健身锻炼、保养，以求让自己变得更美，税率提得更高。而女主角也在被人告知说“只有你一个人交这么高的税，说明你是最美的那一个”之后，经过一番努力，将自己的税率从20%“成功”地提高到了30%。

就在女主角享受着“最美的人”这一虚荣名号时，问题出现了：虚名不能当饭吃。除了工资要交税之外，她吃饭喝水要交税，坐公交车要交税，花几元钱买点小物件都得交税。再漂亮的脸也换不来这么多钱呀，女主角慢慢开始入不敷出。而公司也因为她要额外交税，准备辞退女主角。

最后，为了逃税，女主角给自己化了一个丑到极点的妆。但是好日子没有持续几天，女主角就被执法人员抓到了，以偷税漏税的罪名关进了监狱。

两年之后，女主角出狱了，美貌依旧不减当年。出狱后，她遇到一个小女孩，小女孩看见她后，神情非常激动，手里的雪糕不小心掉了，善良的女主角就去帮小女孩重新买了一支，结果发现自己居然不需要交税了。女主角既惊又喜，一问才发现，大家的审美观已经变了，她不再属于美人的行列了。女主角这才明白，原来刚才小女孩太过激动，是因为觉得自己丑。

之所以会发生这样审美的变化，无非是政府为了增加税收。这个世界上到底还是平凡的人比较多，为了能够增加税收的范围，政府用机器测试行为给全国民众洗脑，说“长相一般的人才是美人”，这样一来，绝大多数人都要交税了。

看过这个故事之后，相信有很多人跟我一样也陷入了思考，美丽应该收税吗？不妨先来看一个小例子，看看美丽究竟能带来哪些好处：

古印度有个叫摩诃密的大财主，有七个闭月羞花的女儿，每当有宾客来访，他都会让女儿们出来炫耀一番。

一天，一位裁缝突然到访。他先是对财主大肆赞扬了一番他女儿们的美貌，最后一转折，道：“但是我觉得她们还没有我做出的衣服漂亮。”听到这里，财主不由得生气起来。裁缝继而跟财主打了一个赌，表示愿意为他的女儿们制作最漂亮的衣服，然后请别人来做裁判，看看到底是人美还是衣服美。如果裁缝输了，甘愿付出五百两白银的赌金。

财主被裁缝的激将法和赌金打动了，觉得这是一个稳赚不赔的生意，便答应了他。几天之后，财主带着女儿们来到了裁缝的店铺。在女儿们穿上裁缝制作的衣服之后，一瞬间，前来观看的人都被她们的美丽震惊了。在漂亮服装的衬托之下，财主的女儿显得更为美艳，所有人都在赞叹她们的风华无双。

大家一致认为，虽然裁缝的服装很精美，但是人更漂亮。于是，财主赢得了赌约，得到了裁缝的五百两白银。摩诃密非常高兴。但是输了钱的裁缝同样也不难过。

财主很疑惑，但是很快他的疑惑就得到了解答。经此一役，裁缝铺子打出了名声，无数爱美的姑娘都慕名前来，让裁缝为她们量身定做精美的服装。而裁缝店里的衣服价格也水涨船高，一路飙升，赚得的钱远远超过了赌输的钱。

故事里的裁缝不可谓不聪明，不仅很好地利用了财主的虚荣心和好胜心，还牢牢掌握了经济学思想，充分利用了“美人经济”来为自己增加收益。

“美人经济”是一种以美人为介质，围绕美人资源所进行的财富创造和分配的特殊传媒经济活动。“美人经济”就是“眼球经济”的一种，因为美人吸引的就是人们的注意力。

一曲《凤求凰》，道出了一段凄美曲折的爱情故事。司马相如和卓文君迫于压力，连夜私奔。但是一时冲动过后，他们面临的是生活上的窘迫，身无分文，又身处异地，没有熟识的朋友，于是二人把车、马、贵重的东西全都卖掉，开了一家酒馆。一开始生意并不好，为了生计，卓文君开始抛头露面，当街卖酒，凭借美貌吸引了很多人前来买酒，生意也逐渐兴旺起来。

这个故事不由得让我们想起那些古时所谓的“豆腐西施”啦、青楼花魁啦，现代的一些车模啦、网络主播啦之类的，她们所依靠的就是那一张脸，那张如花似玉的脸。

由此看来，今天的“美人经济”似乎已成为一种最时髦、最普遍的商业经营活动。当今社会，有一部分招聘者不断抬高对应聘者外貌上的要求，不要求学历，不要求能力，要求的就是一张能够吸引人眼球的脸。毫无疑问，在这个看脸的社会，商家已将拥有天生丽质的美人形象视为一种弥足珍贵的资本，将资本转化为价值，“美人经济”的市场依旧在不断拓展。

现代生活带来了新的消费观念，人们在满足了基本的温饱需求之后，逐渐从单一的价值导向消费转向关注起消费中的附加价值。“美人经济”的出现适应了市场的需求，也适应了大众生活的需求。而且，人们对于美的追求永无止境。社会越进步，经济越发展，社会对“美人经济”的需求就越大。最好的例子就是现在那些所谓演艺圈的“当红花旦”和“小鲜肉”，他们演技平平，唱功平平，就凭借着好样貌、好身材在影视剧里当一个花瓶就能吸引无数的粉丝追捧，“美人经济”的魔力可见一斑。

在生活中我们可以不断地看到：某个经由美人展示过的产品，无数订单就会纷至沓来；某项产品、企业，尤其是游戏，一旦经由美人代言，就会倾倒无数“上帝”；报刊一旦使用美人做封面，就能引来大批读者争相购买……这些都说明，“美人经济”具有其他经济方式难以替代的发展“钱”途。

由此看来，给美丽收税也许有一天真的会被提上日程。

第六章
Chapter 6

名人的代价：为什么名人如此有意思？

“红顶商人”胡雪岩靠什么致富？

在西湖边的河坊街上有一个胡庆余堂大药房，到现在还保留着为顾客准备饮用水的传统。很多到杭州旅游的朋友经常会到这间大药房里歇歇脚喝口水，但是知道这间药房来历和其创办人故事的并不多。胡庆余堂大药房的创始人就是鼎鼎有名的“红顶商人”胡雪岩。

胡雪岩被誉为“商圣”，是我国晚清时期的一位传奇人物。他出生于安徽徽州绩溪，13岁时举家迁移到杭州，从小家境清贫。后来，他到一家钱庄去做小伙计，通过与达官显贵结交，在短短十几年的时间内迅速发迹，成为当时富可敌国的巨商富贾。

1861年，太平军攻打杭州。胡雪岩为了帮助清军，从上海运送军火和粮草，并且凭借个人信誉替清政府向外国银行贷款，总计达1000多万两白银，帮助左宗棠补充军饷，从而为左宗棠赏识。不仅如此，他还帮助左宗棠组织军队，创办了当时重要的军政生产基地——福州船政局。

在左宗棠西征平叛阿古柏、收复新疆时，他还为左宗棠做了大量的情报工作，提供金钱的资助，帮助其稳定后方。

依仗湘军权势，他将阜康钱庄遍设各地，被称为“活财神”；又在杭州奉母亲之命，开设胡庆余堂大药房，明码标价，童叟无欺，在瘟疫流行期间向百姓赠粥施药，被尊称为“胡大善人”。他还专门为军队研制了“避瘟丹”“行军散”“八宝丹”等丹药，以供军备之需。

在他人生巅峰时期，御赐二品顶戴，赏穿黄马褂。现在很多人称“为官须看《曾国藩》，为商必读《胡雪岩》”。

那么到底他是倚靠什么做到富可敌国的呢?

一、抓住商机、灵活果断

胡雪岩为人灵活变通，不满足于现状，并且能及时抓住机会为之努力奋斗。胡雪岩从一开始在米店做童工，金华火腿店做学徒，再到钱庄做伙计，每一步都是他看准时机后的决定，而事实证明这些决定是完全正确的。

之后，杭州被困，时局动荡，胡雪岩看准时机，扩大生意规模，逐渐声名鹊起。当一个人木秀于林的时候，就需要有靠山来稳住自己的地位，以防被风摧之。之后他选择结交左宗棠，通过左宗棠的关系成功得到了清军粮食器械的代办权，并且取得管理漕运的权力，几乎垄断了当时江浙一带的经济大权，赚得盆满钵满。

二、诚信

胡雪岩要求只要出自胡庆余堂的药品一律得是货真价实，并定下“戒欺”的店规，要求员工必须遵守，“真不二价”。

三、眼光长远、识人重义

胡雪岩之所以能迅速崛起，除了得益于左宗棠之外，另一个人也起到了至关重要的作用，这个人就是王有龄。在胡雪岩还是个小伙计时，虽然自己的生活就很贫苦，但还是艰难省出一笔钱去资助一个没钱读书的学子，而那个人就是王有龄。后来王有龄寒窗苦读，坚持不懈，当上了浙江巡抚。俗话说“朝中有人好办事”，在王有龄的支持下，胡雪岩在浙江、湖南等地开设了几十家钱庄，那叫一个财源滚滚。

杭州沦陷后，王有龄抑郁而亡。面对此种情况，胡雪岩毅然将王有龄在钱庄里的钱还给他的妻子。要知道，杭州危机时，胡雪岩已经动用了自己大批资金资助王有龄，并且都是有去无回，但是他宁愿自己亏损，由此可见胡雪岩的重义气。

四、控制市场，一致对外

胡雪岩在后期做起了生丝生意。当时的生丝生意可谓是暴利行业，胡雪岩一眼就看出了商机。但是当时生丝市场大都被洋人垄断，为了把市场抢回来，胡雪岩找到了上海和江浙地区生丝行业的同行们，劝说他们一致对外，联手对付洋人。其后，胡雪岩采取了一系列措施，收购了本地大量的生丝，让洋人无丝可买，进而控制了市场，把价格垄断。

五、重视顾客，满足客户需求

胡雪岩十分重视对顾客的服务，坚守着“顾客是上帝”的准则，将顾客的满意作为自己经商的根本。他留给后人的致富秘诀便是凡事以顾客为上。

有一次，一位从远方慕名而来的客人在胡庆余堂药店买了一盒避瘟丹，结果打开药盒一看，发现药的味道不对，于是客人前来店里退货。

胡雪岩听说后，亲自接待，仔细观察了药丹之后，发现是因为店里最近新换了药柜，导致了药物串味。随即他真诚地向顾客道歉，并让店员给顾客重新拿药。却被告知，这种药已经卖光了。

因为客人到店路途遥远，为免客人来回奔波，胡雪岩便把客人请到家中住下，三天之后亲自把丹药奉上。客人拿到新的丹药后，感动之余更是对胡庆余堂的服务赞不绝口。

胡雪岩坚持将顾客的满意放在做生意的第一位，才取得了日后生意和人生上的成功。其实很多优秀的企业家都将顾客满意视为成功的不二法门。

举一个我亲身经历过的例子：大学毕业后，我欲回家乡发展，临走时我突然想起曾在学校周围的两家银行里分别办了卡。离开以后，这些银行卡也就没用了，便准备去把银行卡注销掉。

我先去了第一家银行，排队办理业务的人很多，我取了票就在一旁等候。我深知自己有些多此一举，而且办理这种业务并不能给工作人员带来业绩，对方一定没什么好态度。结果我说明来意后，窗口服务人员果真一脸不耐烦，直接跟我说："不办理注销，太麻烦了，等着三年后自动销户吧。"后来还阴阳怪气地说："即使注销了卡，身份证上还是有户头的痕迹，闲的吗这不是？"

办理无果后，我抱着闲着也是闲着的心态去了第二家，态度也开始变得漫不经心，说话也不热情了，心想给办就办，不办走人。

结果刚进门，大堂经理就走来问我需要什么服务。他听我说完后很热心地帮我取了票，让我稍微等待一下，很快就给我办理了销户，态度始终很友好，让我颇有些受宠若惊的感觉。

从此以后，我只用这家银行的银行卡。

买卖中同样如此，顾客的满意度指数越高，就会越认可你的产品，自然就会很高兴继续购买这种产品。相反，如果顾客满意指数越低，就越会苛刻要求，鸡蛋里挑骨头，对产品有意见，失去购买的欲望。

俗话说“金杯、银杯不如老百姓的口碑”，提高顾客满意度不仅能使老顾客得到消费满足，同时也能开发一些潜在客户。胡雪岩一生中涉猎各种领域，而且都能颇有成就，他的管理之道、用人之道以及关系网的开展、人脉的铺设都值得现代许多企业家学习。

甘地的另一只鞋子

“圣雄”甘地是印度民族解放运动的领导人和印度国家大会党领袖，被印度人尊称为“国父”，他提出了“非暴力不合作”的社会行动，带领印度走向独立，脱离英国的殖民统治，这一思想影响了全世界的和平变革主义者。

一次，甘地乘坐火车出行到外地，在车站正巧碰见了一个熟人。两人多时未见，寒暄许久，直到火车即将启动时，甘地才匆匆上车。就在他刚刚踏上时，火车正好启动，他的一只鞋子被车门夹住，不慎掉到了车门外。旁边人刚想劝他别在意时，却见他迅速脱下了另外一只鞋子，扔向刚才那只鞋子掉落的地方。这一举动令其他人疑惑不已，忍不住问他为什么这么做。甘地说：“如果一个穷人正好从铁路旁经过，他就可以拾到一双鞋而不是一只鞋，这对他来说就是一个很好的收获。这双鞋的价值就得到了最大的发挥。”

面对丢失的鞋子，甘地的态度是豁达的、坦然的、乐观的，他并没有为此介怀。因为丢失的这只鞋对于他而言，就像泼出去的水一样，再也无法回收，所以他选择以博大的胸襟坦然面对。

甘地的态度值得我们赞赏，这件事也启示我们怎样面对已经失去的不可挽回的成本，即经济学中所说的“沉没成本”。

沉没成本是指因为某种原因导致事情已经发生，并且任何决策都无法再改变的成本。人们在决定是否去做一件事情的时候，不仅要考虑这件事对自己有没有好处，而且还要考虑自己过去是不是在这件事情上投入过成本，以及这个成本是否可以收回。简单来说，我们把这些已经发生过的并且不可收回的支出，比如精力、金钱、时间等称为“沉没成本”。

关于“不可收回”的概念，我国有一个经典的成语典故，是对它最好的解释——覆水难收。

这则成语故事出自《汉书》，讲的是：朱买臣是西汉时期的一个书生，他出身贫苦，条件艰难，但是一直坚持读书，从不放弃理想。作为一个肩不能扛、手不能提的文弱书生，朱买臣很长一段时间里没有能力赚钱来养家糊口，因此在他寒窗苦读期间，家庭全靠他妻子一个人支撑。几年时间过去了，妻子再也无法忍受这种清苦、看不见希望的日子，于是离开了他，改嫁一个相对富有的人家。

几年之后，朱买臣一举高中，光耀门楣，被封为太守。在他衣锦还乡的时候，街道两旁挤满了前来围观的乡亲们，包括他的前妻。当前妻看见朱买臣身着官服、头戴红花，骑着高头大马威风地走过来时，不禁后悔离开他，于是找到朱买臣，希望能和他复合。朱买臣听了之后，让下人端来一盆水，然后当着前妻的面泼在地上，对她说："泼出去的水，就再也收不回来了。"

覆水难收比喻事情已经成为定局，不可更改，其实这就是一种沉没成本。当朱买臣的妻子决定离开的时候，这个决定就已经无可挽回，即使她再后悔也不能改变了。

现实生活中这样的例子有很多。假设你在网上买了一件家电，已经提前付了款。但是东西寄过来之后，你发现质量并不是很好，于是你去联系卖家，想要退款。但是卖家不给退只能换，而且来回的邮费还需要自己付。你支出的钱已经收不回来，那么家电的价钱就是你的沉没成本。

而沉没成本是一种历史成本，是不可控制的，它在很大程度上会影响人的行为方式。

比如，一家三口一起出去吃饭，点了餐之后，一结算是270元。服务员跟他们介绍说，餐厅今天举行促销活动，消费满300就返30块，建议他们再多点一些，但是爸爸觉得点得已经够多了，就说待会儿再看看。

用餐的时候，一家人感觉这家餐厅的菜非常难吃，简直是在浪费钱。这个时候，孩子提议道："不如我们再点一点饮料、冰激凌，凑够300块让他们返钱好了，反正也没有多花钱。"

但是爸爸在考虑了一番后，还是算了，没有再点，直接结账走了。孩子有些不高兴，爸爸就解释说："他家的饭菜都这么难吃，冰激凌也不见得好吃，而且我们已经吃得很饱了，就算冰激凌是免费的，但是为了不浪费，难吃也要吃下去的话，就会伤害身体了。"

其实仔细想想，不正是这个道理吗？好比你花5元钱买了一瓶饮料，结果回到家打开盖子才发现口感很差，但是为了收回成本，不浪费，你还是把饮料喝掉了。这样一来，你不但损失了5元钱，还喝了一瓶非常难喝的饮料。但是其实这5元钱根本就已经无法收回了，已经是沉没成本了。

而有些时候，沉没成本只是价格的一部分。比如你买了某样产品，过了几天之后，你发现这件产品对自己的用处并不大，不是很实用，然后你就拿到二手市场去卖。这个时候，你卖出的价钱不可能和你买的时候的原价一样，用的时间越长，卖出的价格就越低，那么中间的差价也叫沉没成本。由此我们可以得知，沉没成本会随着时间的推移而发生改变。

根据成本的形态，沉没成本可以分为固定成本和变动成本。一般来说，资产的流动性越强，其沉没成本就越少，越是固定资产越容易沉没。“现金为王”的观念就可以从这个角度去理解：手里握着现金才是最稳妥的。

那么面对沉没成本，我们应该怎样做？

2001年诺贝尔经济学奖得主斯蒂格利茨教授曾说：“普通人常常不计算‘机会成本’，而经济学家则往往忽略‘沉没成本’，这是一种睿智。”他认为，一个理性的人在做决策时不应该考虑沉没成本。

他举了个例子：假设你花7美元买了一张电影票，在看了将近半小时后，你觉得这场电影简直糟糕透顶，是场灾难。你既想离开电影院，又可惜花出去的钱，舍不得离开。但是你应该明白，不管是去是留，钱都已经花了，你应该忽视这7美元。斯蒂格利茨不愧是大师级别的人物，他用通俗的话语道出了生活和投资的智慧。

而大多数经济学家的理念与之相同。他们认为，一个理性的经济学者应该忽略沉没成本的存在，因为过去已经过去，盈亏都与今天无关。

不计较沉没成本，反映了一种快乐的、健康的、向前看的心态。既然钱已经花了，再后悔也于事无补，所以应该抱着免费享受的心态来决定是否继续下去，就像甘地一样。这才是理性和明智的做法。

为什么姚明退役后才上大学?

作为一名享誉世界的篮球明星，为了延续自己的职业生涯，姚明并没有上过大学，直到退役以后才又重新进入学校，继续深造。之所以如此选择，涉及经济学中的机会成本概念。

在经济学中，机会成本是指为了得到某种或者某些东西而放弃的其他一些东西。

在深入讲述这个概念之前，我们先来做一个假设：假如姚明在上学和打球之间选择了上学，两米多高的他在生活中与篮球“绝缘”，对篮球的技巧一无所知，从不参加此项运动，过着和所有学生一样的普通生活，寒窗苦读之后各种奔波找工作。

这时候，身高的优势并没有给他带来益处，反而会对他的工作与生活造成障碍。

他的身高注定了他到哪儿都会成为别人关注的“焦点”。在这种情况下，我想姚明是没有办法安心学习或者工作的，这样一来，他不仅要支付学费生活成本，还要负担一些看不见的负面情绪带来的额外成本。

而姚明明智地选择了打球，在这个高人如林的运动世界中，他既避免了上学所要支出的学费和生活费等，而且还有高昂的收入。姚明曾是收入最高的篮球运动员之一，他的收入大体分为两部分：一部分是与NBA火箭队签订的合同，球队付给他的薪酬；二是他的代言广告收入。我们不妨先来看一笔数据：在火箭队的时候，姚明每年的薪水为1000多万美元，而他代言的广告囊括各个领域，电脑、鞋、饮料、手机游戏、快餐、手表等，一年的总收入合计3000多万美元。

再来看看收益可获得的年限，在身体不出现任何大疾病的情况下，作为一个篮球中锋，姚明的运动寿命正常可以到39岁左右，即他靠篮球赚钱的时间可长达20年。这笔非常可观的薪酬稍微换算一下，大约相当于6万名工人一年生产的工业增加值、20万名农民一年生产的农业增加值，若用于国内的投资、消费，则可创造5万多个就业机会。这对于普通人来说可谓是天文数字。即便职业生涯后期，姚明饱受伤病影响，不得不选择退役，但他利用打篮球所赚取的收入依旧是我们绝大多数人望尘莫及的。

于是，我们可以得出一个结论，那就是姚明选择了篮球简直是再明智不过的举动。上面我们已经说过，所谓机会成本，就是为了得到一样东西而必须放弃另一样东西。正所谓鱼和熊掌不可兼得，姚明选择打篮球而没有像普通人一样去上大学，那么没上大学对于他来说就是机会成本。但是对于姚明来说，这种机会成本是值得的。

这就是很多应该上学的年轻职业运动员在退役之后才继续上学的

原因。如果当时放弃运动而上大学，他们就可能每年少赚好几百万的美元，或者失去很多的荣誉，这种机会成本必然是得不偿失的。

一般来说，产生“机会成本”需要满足这样两个条件：

（1）所涉及的经济资源具有多种用途：我们知道，机会成本本质上是对不能利用的机会付出的成本，如果选择了这种用途，那么就必然会失去其他用途能带来的收益。因此，如果这种资源对于我们来说是功能单一的，那根本就谈不上各种机会之间的利益比较了，只有资源具备多功能的时候，我们才会去考虑各种机会带来的收益，考虑机会成本。

（2）把可能获得的最大收益视为机会成本：考虑机会成本时，我们不能仅仅考虑其中的一种方式，而是要充分考虑每种方式，通过合理有效的途径得出可能获得最大收益的机会。当然，这个过程并没有那么容易，因此我们也只能做到尽量准确。

例如，某一户村民获得了一大块土地，为了实现最大利润，他决定把地圈起来搞养殖。那么他就将面临着养鸡还是养猪的选择。如果选择了养猪，那么他就不能再养鸡。也就是说，农民放弃了养鸡所能得到的收益就是养猪的机会成本。反过来同样如是。在这种情况下，这位农户一下子也没了主意，于是他通过仔细调研，发现养猪比养鸡有更好的前景，因此他决定养猪。

再比如，当一个生产厂家想要利用自己的资源来制造一些产品时，它可以选择生产一辆汽车或者五百辆自行车。当它选择用资产来生产汽车时，这就表示它失去了生产五百辆自行车的机会。如果说五百辆自行车不能确切地让你明白这项机会成本到底有多大，我们可以把实物替换成货币的概念来表述，五百辆自行车的价值大约是10万元，也就是说，一辆汽车的机会成本为10万元。

机会成本不仅仅意味着金钱的损失，它泛指做出选择后的任何损失。机会成本会随付出的代价改变而做出改变。机会成本虽然不是一般意义上的成本，不构成企业的实际支出，但却是决策者进行正确决策必须考虑的现实因素。忽视机会成本，往往有可能会导致投资决策失败。在需要决策的时候，只要认清机会成本，明确每个备选项的成本和收益，就能做出正确的判断。

格林斯潘的神奇魔棒

1987年10月19 日，对于华尔街的所有投资人来说可谓是“黑色星期一”：在短短三个小时内，股票价格平均指数暴跌了22.6%；六个半小时后，股票市值缩水了5000多亿美元；一天之内，有38名富豪被《福布斯富豪榜》除名，而亿万富翁亚瑟·凯恩更是在绝望中自杀。

为了遏制这种糟糕的局面，第二天一大早，刚刚任职美联储主席两个月的格林斯潘果断采取措施，下令降低联邦基金利率，并着手开始调控市场，在很短时间之内市场长期利率也开始下降。

经过几个月的“战斗”，美国经济开始复苏并好转，这场非常严重的“经济泡沫”浩劫最终转危为安，华尔街的投资者也开始慢慢有了信心。从此，格林斯潘赢得了美国人民的信任。

在此后的十几年里，利率变成了格林斯潘手中的一根神奇“魔棒”。运用这根魔棒，他改变了美国长期以来的货币政策，引导着美国经济的走势，根据经济运行的情况，适时适度地调整利率，使得美国经济多次化险为夷，保持了长达十年之久的经济神话。

2001年以来，全球经济发展明显放缓。为了防止全球经济再次出现衰退，主要发达国家如美国、英国、加拿大、澳大利亚、瑞士、日本等国家的央行纷纷采取降低利率的措施，来刺激投资和消费。而令人不解的是，欧盟央行却岿然不动，依旧维持着4.7%的利率，与降利大潮格格不入。就在2001年4月的欧洲央行货币政策会议上，央行总裁坚定地认为利率政策应该保持稳定，不能一再修改，而且他不认为欧洲经济会长时间持续放缓，依旧固执己见，不为所动，坚决不降低利率。这一举动令欧洲投资者们大失所望，导致欧元汇率发生大幅度的震荡。几天以后，欧元兑换美元和日元的汇率跌至一周最低点，欧元兑美元的市场收盘价下挫1%，欧元兑日元的表现则更差，下跌1.5%。欧洲央行为自己的固执付出了惨痛的代价。

2002年2月，中国人民银行宣布降低利率，贷款利率平均降低了0.5%，存款利率平均降低了0.25%。以贷款买房为例，办理20万元，为期20年，总共能减少14000多元的利息。

2004年10月，中国人民银行又决定上调存贷款基准利率，一年期存款基准利率和贷款基准利率同时上调0.27个百分点，并且进一步放宽人民币贷款利率浮动区间，不再设定上限，下浮幅度则不变。

由此可见，除了降低利率，上调利率同样有它的效能存在。利率上调有利于进一步巩固宏观调控结果，保持国民经济持续、快速、协调地发展。利率就像一个杠杆，在什么时间用，怎样用都是需要讲究的。

那么，什么是利率呢？它为何会有这么大的能力呢？要想了解利率的作用，首先必须知道什么是利息和利率，以及它们的关系。

古典经济学派认为，利率是资本的价值体现，资本供给和需求决定利息的变化。凯恩斯曾经说过：“利息是使用货币的代价。”而马克思主义经济学则认为，利息是剩余价值的一部分，是借贷资本家参与剩余价值再分配的一种表现形式。

利率，是表示一定时期内的利息量与本金的比率，是利息的衡量单位，表明利息的多少。利率通常由国家中央银行调控。根据不同实际情况，利率主要有以下几种分类：根据对实际经济运行的影响不同分为名义利率与实际利率；根据在借贷期内是否调整分为固定利率与浮动利率；根据在金融运行中发挥的作用不同分为市场利率与管理利率；根据计算利息的期限单位分为年率、月率、日率；根据借贷的期限长短分为长期利率与短期利率；根据借贷资金交付给债务人时间的不同分为即期利率与远期利率等。

利率的涨跌关系着居民、企业、政府各方的“钱袋”，它是调节宏观经济运行的重要杠杆。

对于个人来说，利率的变化影响着日常生活。在较高的利率水平下，人们会倾向于把收入储蓄起来，减少消费或者等到以后再消费；在较低的利率水平下，人们大多就会选择在这个时候贷款买房买车，增加个人消费和社会需求，或者选择证券、期货等收益较高的投资。

对企业来说，利率的变化同样至关重要。简单来说，利率会改变企业的利息支出，而利率的高低会直接影响到企业经营的利息负担。随着利率的升高或者降低，贷款数额的小变动就会导致企业有可能因此多付或者少付几百万元的利息。利率还会影响企业的融资成本和投资成本。

利率上升，会增加企业的债务风险，利率的下降则会减轻企业的债务负担，改善企业的经营状况。

对于国家来说，利率会影响国家的宏观经济。利率与社会投资率成反比，与社会储蓄率成正比。因此，利率降低有利于刺激经济的发展，集中社会的闲散资金，扩大内需，抑制通货膨胀。而利率升高，会使国家货币升值，汇率上升，抑制出口，不利于国家的经济发展。

同时，对证券市场上的投资者来说，利率更是牵动着他们的每一根神经，因为利率的变化直接影响着证券价格。在一般情况下，利率和股票、债券的价格呈反向变化。利率下降，证券价格上涨；利率上升，证券价格下跌。利率的连续上升，会给地方中小商业银行带来压力，对国债市场产生巨大影响，冲击股市。因此，利率的变化与股市的涨跌息息相关。

因此，调整利率主要是为了解决以下几方面的问题：

1.改变社会资金的供求关系

利率的升降是市场发生波动的重要因素。利率升高，有利于吸引闲散的资金存入银行，减少购买力和社会需求，但同时也存在着副作用，会增加企业贷款的成本，一定程度上抑制了企业的盈利和发展。所以，当出现通货膨胀时，国家会采取提高银行利率的方式来进行干预。反则同理。

2.调节居民储蓄

通过提高利率，居民会被银行的高利息所吸引，选择把闲余资金存入银行，而不是消费。这样可以减少货币流通，抑制通货膨胀。而通过降低利率，又可以促使居民把银行储蓄转出，用在消费和投资等领域。

3.宏观调控

国家调整利率，不但会对国内的经济市场产生影响，而且还会对国际的经济市场产生联动作用。

当国家上调利率，使得国内的利率高于国际利率时，就会形成利率差异，引起资金从低利率国家流向高利率国家，导致国外大量资金流入，本国资金流出相对减少，流入大于流出，货币汇率得到提高。

相反，如果国家降低利率，使得国内利率低于国际利率，就会造成本国资本大量流出，外国资本减少流入，汇率下跌。

所以，调整利率，其实就是一种宏观调控的手段，是为了保持国际收支的基本平衡。

杨振宁为什么选择理论物理?

美国人认为，他们曾培养出理论物理学家中最优秀的三个人，分别是德国的爱因斯坦、英国的狄拉克以及中国的杨振宁。

杨振宁是著名华裔物理学家，是第一位获得诺贝尔奖的华人。在他求学期间，就与米尔斯合作提出了“规范场理论”，并将其发展统合为基本粒子三种作用力的基础，为理论物理做出了巨大贡献；1956年，和李政道合作提出“弱相互作用中宇称不守恒定律”，并借此获得诺贝尔奖；在进行大量的对粒子物理和统计物理的研究后，他又提出“杨-巴斯特方程”，开辟了量子可积系统研究的新方向。丁肇中认为杨振宁的“杨-米尔斯场”，足以和量子论以及相对论比肩，是20世纪物理理论的三大创举。

杨振宁一生都致力于粒子物理学、统计力学和凝聚态物理等领域的研究，并取得了许多杰出的成就，做出了具有里程碑性的贡献。

但是，即便成绩卓著如杨振宁也曾有过菜鸟的时候。一开始在芝加哥大学，杨振宁学的是实验物理学，但是并不顺利，因为杨振宁的“动手能力”堪称“一绝”。当时校园里甚至盛传着“哪里有爆炸，哪里就有杨振宁”的笑话。

为此，杨振宁陷入了深深的苦恼中。在导师特勒的引导下，杨振宁清楚地意识到自己对于动手能力要求比较高的实验物理方面并不具备太大的优势，而对于理论物理研究方面，因为自己从小受到父亲的熏陶，打下了坚实的数学基础，凭借这点也许能在物理学理论上找到突破口。

两相比较之下，杨振宁明确了自身的优势，转攻理论物理学。正因他这一重要决定，改变了他的人生轨迹。

经过分析，对于杨振宁来说，从事理论物理研究无疑更具优势。他最终获得了巨大的成功，正是因为他认清了自己的“比较优势”。

比较优势理论是大卫・李嘉图在《政治经济学及赋税原理》中提出的。该理论认为，如果一个国家生产某种产品的机会成本低于其他国家生产该产品的机会成本，则这个国家在生产该种产品上就拥有比较优势。简单来说，当一个生产者生产某种产品的成本低于另一个生产者时，我们就说这个生产者具有比较优势。

当然这是经济学中的解释。在日常生活中，也常常有体现出这个理论的例子，可以说每个国家、每个单位甚至每个人在做决定时都要依据这个原则。

“田忌赛马”的故事我们每个人估计都听过：田忌经常跟齐王进行赛马，以重金为注，但每次都输。田忌和齐王都有上、中、下三等马，田忌每个层次的马质量都稍稍劣于齐王的马，按照正常比法——上等对上等，中等对中等，下等对下等——田忌完全不具备优势。

所以经过一番思索后，田忌选择了这样的排列方式：用完全没有优势的下等马对齐王有完全优势的上等马，再用拥有相对比较优势的中等马对付齐王不具优势的下等马，最后用具有完全优势的上等马对付齐王的中等马，以二比一的结果赢得胜利。

这就是典型的运用“比较优势”理论的事例。

泰格尔·伍兹是当代最有天赋的高尔夫球手之一，他每天的大量时间都花费在草地上走来走去，因此草坪的质量对他来说极为重要。伍兹可以非常迅速地修剪自己的草坪，并且做得非常不错，但是他并没有这样做，而是选择雇用他的邻居来帮他清理。这里就需要讲到比较成本的概念了。

伍兹能够在2个小时之内修剪完草坪，但是在这同样的时间中，他可以为某品牌拍摄一部商业广告，并赚到1万美元。而与他相比，他的邻居则需要花费4个小时的时间来修剪伍兹家的草坪，而他则只能赚40美元。

在这个例子中，虽然伍兹在修剪草坪上同样具有比较优势，但相对于他的邻居，他更好的选择则是去拍商业广告，因此他付给了邻居40美元，让邻居帮他修理，则是最好的解决办法。

俗话说：“两优取其重，两劣取其轻。”当每个人都能够专门地从事自己最擅长的事情时，生产就会变得更加有效率，从而整个社会创造的物质财富总量与其整体经济福利也会有所增加，这也从侧面体现了“天生我材必有用”的道理。

比如，在一个企业中，我比其他人善于管理，其次是你。按理来说，我在管理方面就占有着绝对的优势，应该坐在办公室里负责管理方面的工作。但是，从比较优势来讲，我的动手能力比我的管理能力更强，那么在这种情况下，就应该由我来负责动手的工作，而由管理能力比较强的你来负责管理工作。

说白了，比较优势就是用来分析比较各个不同的盈利方向，然后选择最大的获益方式。就拿一个现在我们生活中的事情来举例，有些家庭根本不需要或者买不起，为什么还是越来越多的家庭选择买车呢?

这里呢，其实就涉及比较优势的原理。比如家里有老人和孩子的话，因为功能需求的原因，为了方便家里的老人和孩子出门，买一辆车则更为划算。又比如需要经常出去谈业务或者离上班地点特别远的人，就需要拥有一辆合适的车。

至于那些根本用不到车子或者是买不起车子的家庭，他们之所以想要拥有一辆车子，也是因为他们想要在这方面具备优势，满足他们的虚荣心以及攀比的心理。

比较优势原理说明，一个人即使从事任何活动都比别人强一些，但是他也不会参与所有的活动。就好比现实生活中，很多上班族即便自己能够料理家务，也仍然会选择雇专业服务人员来家里做饭、清洁卫生等。这就是根据比较优势原理做的决策：毕竟自己并不擅长，而且会浪费工作时间，成本太高。

里根为什么一年只拍四部电影?

2004年6月5日，享年93岁的美国第40任总统——罗纳德·威尔逊·里根逝世。里根总统的一生政绩斐然，受到了许多民众的支持。他从1966年担任美国领土面积最大的加利福尼亚州的州长，并在1974年连任；1968年，他成为总统候选人，结果连续三次竞选失败，终于在1980年竞选获胜，并且在1984年再次连任。

1993年，美国政府授予他总统自由勋章；2002年，美国国会授予他金质奖章；2004年，美国加利福尼亚州决定将里根的生日定为“里根日”，每年进行庆祝；2001年4月，里根90岁生日时，被美国人评价为与华盛顿、林肯、罗斯福并列的历史上最伟大的四位总统之一；而在美国于2005年举办的在线票选活动“最伟大的美国人”中，里根更是名列榜首。而奠定里根历史地位和如此之高名望的最重要一点，是他在任期内提出的经济复兴计划，而这一计划的核心内容只有两个字——减税。

里根也许不是政绩最好的一位总统，但他一定是最为美国人所熟识的一位总统，因为他不仅做过总统，而且也曾经是一位好莱坞的著名演员。

第二次世界大战期间，里根从空军退役，成为好莱坞华纳兄弟电影公司旗下的一名签约演员。在此后约30年的时间里，他曾先后在50多部影片中担任角色。作为电影演员，里根在群星荟萃的好莱坞顶多算二流，但并不算大牌的他却有一个奇怪的规定，就是他在一年之内接拍的电影绝不超过四部。

在一次采访中，里根对此做出解释："因为我拍四部电影刚好达到了附加税的范围，如果我再拍第五部，那么第五部电影得到的钱将有90%作为税钱要上交给国家了。这样就意味着我几乎没有赚到钱，于是每年拍完四部电影后，我就不再工作了。与其白辛苦一场，还不如到国外旅游去。"

这段从影经历对里根的影响非常深远，他得出的这样的结论正是经济学者拉弗的主要观点。而这一理念，不仅体现在里根的拍戏上，还体现了他的政治思想。

1980年，总统竞选成功后，里根和他任命的内阁成员一同被安排参加了经济学课的听讲，而南加州大学的教授、著名经济学家阿瑟·拉弗则是他们的讲师。在课堂上，拉弗向各位学生讲解了自己钻研出的有关税收的"拉弗曲线"理论。

在与大家谈论"高税率如何导致政府低收入"的问题时，拉弗在坐标轴上画了一条倒U形的曲线，并标注上了税收、税率和政府的收入，然后讲道："税率为零时，税收为零；但当税率为100%时，税收同样为零。”里根总统闻言简直是万分激动，与拉弗教授相见恨晚，一拍即合。

也许许多人都会认为，税率越高，不正是表示着国家财政收入越高吗？其实不然，说得通俗一点，当税率高于某一值时，人们就不愿意工作了。假如税收的起征点为2000元，税率为10%的话，国家就要从中拿去200块；如果税率是20%的话，国家就要从中拿走400块；如果政府为了增加收入强制性征收100%的税收的话，人们一旦知道自己的全部收入交完税后就会一分不剩，那么只有傻子才会去干活，或者人们一定会想尽办法偷税漏税。虽然这个例子很极端，但道理却是一点不假。

因亲身经历，里根总统非常能理解拉弗的经济学理论，因此，在他上台主政之后，就采取了拉弗教授的建议，开始大力推行减税政策，并且坚持不懈地贯彻下去。

而事实证明，他是对的。在接下来的十几年里，多次减税使得联邦收入翻了近八倍。毫无疑问，在一定范围内，提高税率，国家的确可以多征到税。而减税一开始可能国家会吃点亏，导致暂时收入下降，但从长远来看，却完全不一样，它有利于把经济这块“蛋糕”做大，从而增加收入。试想，如果当税率高到极点时，所有人都无心工作，反正最后得到的钱都不是自己的，那么谁还会去工作，谁还给你交税呢？

虽然美国在实行减税后的第二年出现了经济衰退，但是到了1983年，减税的效应得到了充分释放，储蓄、投资率增长，高利率又吸引了大量国外投资，加之国际能源价格回落，从而促使美国经济逐渐走出“滞胀”困境，因此开始了持续多年的增长。在此后的数年里，美国经济增长率大幅度提高，企业投资额大大增加，通货膨胀率和失业率奇迹般地下降。而美国也因此巩固了它在世界政治、经济、军事舞台上的主导地位，成为了世界上当仁不让的经济大国。

在这个过程中，一开始无人问津的“拉弗曲线”理论因为里根总统大力推行和现身说法，逐渐被广泛流传，并成为了经济学主流理论。

其实“拉弗曲线”的原理并不复杂，它说的就是一个“过犹不及”的问题。拉弗曲线描绘了政府的税收收入与税率之间的关系，是专讲税收问题的，它的含义主要为：税收会随着税率的上升而上升，但是一味地提高税率，并不等于实际税收高。如果税率太高，人们工作的热情就被熄灭了，你反而收不上税来。只有在税率达到一个最优值时，实际税收才是最高的。

因此，里根主张政府必须保持适当的税率。当税率在一定的限度以下时，提高税率才能增加政府税收收入；当税率超过这一限度或者某个最佳的税率点之后，税收不但不会增高，反而会开始下降。因为当税率超过一定限度时，企业的经营成本就会提高，那么投资必然减少，随之收入也会减少，继而导致税基减小，政府的税收收入下降。而且因为付出得不到回报，人们偷税漏税的动机就会增强，国家能够征到的税就更少了。反之，减税可以刺激经济增长，扩大税基，使税收收入增加。

《论语·颜渊第十二》第九篇里面记载：哀公问于有若曰：“年饥，用不足，如之何？”有若对曰：“盍彻乎？”曰：“二，吾犹不足，如之何其彻也？”对曰：“百姓足，君孰与不足？百姓不足，君孰与足？”

意思就是说，哀公和有若讨论税收的问题。哀公问有若：“今年遭受了饥荒，收成不好，国库里的银子不够用，该怎么办才好呢？”有若回答说：“为什么不对老百姓的税收实行彻法，只抽十分之一的税呢？”哀公听了，不高兴地说：“现在收十分之二的税，国库银子都不够用，怎么能再实行彻法呢，那国家岂不是更惨了吗？”有若回答说：“如果老百姓手里的钱够用，您怎么会不够呢？如果老百姓的用度都不够，您又怎么会够呢？”

有若的思想是我国儒家学派典型的经济思想，其核心就是“富民”。他认为，只要削减田税的税率，使百姓减轻经济负担，百姓富足了，国家就不可能贫穷；反之，如果对百姓征收过甚，这种短期行为必将使民不聊生，国家经济也就随之衰退了。

就像故事里说的一样，如果哀公让他的子民把全部的收成都拿去交税的话，恐怕大家宁愿稻子烂在田里也不去收。

丘吉尔炒股不赚不赔

转眼间，距离温斯顿·伦纳德·斯宾塞·丘吉尔这位传奇的英国首相离世已经有半个世纪了。他的才华和成就像星海一般璀璨，永远铭记在历史的长河中。

丘吉尔曾两度出任英国首相，并被评为20世纪最重要的政治领袖之一；他领导英国人民赢得了第二次世界大战，是“雅尔塔会议三巨头”之一；他的英语词汇量高达12万之多，是历史上掌握英语单词数量最多的人之一；他曾经凭借《不需要的战争》一文获得1953年的诺贝尔文学奖；他的无数演讲都成为经典，并引导着历史的走势和进程，被美国杂志《人物》列为近百年来世界最有说服力的演说家之一；2002年，在英国广播公司举行的一个名为“最伟大的100名英国人”的调查中，丘吉尔以最高票数获选。

然而，每个人都有弱项，丘吉尔也是，这位伟大的首相大人对于数学、金融、财政等甚至国家的数字管理始终是有些发怵的。而事实上，他在中学时代的数学成绩，就几乎从来没有及格过。

在个人金融投资方面，丘吉尔也从不擅长。1929年前后，美国正值经济大萧条，他曾将大幅资产投入美国股市，结果可想而知，鼎鼎大名的丘吉尔并没能让股市买他的账，最终以惨痛的损失而收场。

当时丘吉尔刚刚卸下财政大臣的职务，携家人到美国探访老友——伯纳德·巴鲁克，美国证券巨头。在他的陪同下，丘吉尔到华尔街的股票交易所参观。那里的气氛紧张热烈，人们疯狂而充满激情，这一切深深地感染了他。他觉得自己已经安稳过了半辈子，也许是时候拼一把，于是他让巴鲁克给他开了一个户头，想在华尔街股市小试牛刀。在狂傲之心丝毫未减的他看来，炒股赚钱简直是小菜一碟。

在斟酌再三之后，丘吉尔选了一只股票，完成了第一笔交易，没想到这只股票却一跌再跌，很快就被套住了，这叫他很丢面子。为了弥补损失，他又看中了另一只他认为很有希望的股票，但是结果这只股票也走了熊市，股价不听他的指挥，一路下跌，丘吉尔的钱又被套牢了。

就这样折腾下来，丘吉尔买一笔赔一笔，陷入一个又一个泥潭，但是他完全没有意识到自己的股票亏损了多少，而是仍然充满着乐观。尽管丘吉尔对股市的崩盘漫不经心，但是实际上他的股票大幅缩水，损失已经至少超过1万英镑，那天股票收盘的时候，他已经资不抵债了。

而此时，丘吉尔又亲眼目睹了一名男子倾家荡产后从15层楼跳下自杀的过程。正在丘吉尔绝望之时，老朋友巴鲁克给他送来了一本账簿，上面记录的是另一个温斯顿·丘吉尔的股票记录，与他相反的是，另一个“他”战绩辉煌，获利颇丰。

原来，巴鲁克早就料到了，即使聪明睿智如丘吉尔，在不精通任何炒股知识的情况下贸然行动，也必会在股市之中翻船。因此，他提前为丘吉尔做好了准备。他以丘吉尔的名义开了另一个账户，让手下的员工密切关注着他，他买什么，另一个“他”就卖什么；他卖什么，另一个“他”就买什么。最终，丘吉尔用来炒股的钱在巴鲁克的操作下基本持平，不赔也不赚。

你看，即便像丘吉尔这样的政治家，也会被股票所吸引，可见其魅力之大。股票是一种可以获得股息和红利的有价证券，是股份公司为筹集资金而发行给各个出资人的持股证明。每一股股票都代表着出资人，即股东对企业拥有的一个基本单位的所有权，购买股票就是在购买企业生意的一部分，在与企业共同成长发展的同时也要共同承担公司运作所带来的风险。通常来说，股票有四级市场，而其中的二级市场也就是股票交易市场，是投资者们进行交易和买卖的场所。

之所以有那么多人对股票趋之若鹜，是因为股票能够使投资者获取丰厚的经常性收入。但同样值得我们注意的是，投资股票也会有很大的风险，因此一个想要炒股的人一定要做好三项准备：

一、心理准备。“股市有风险，入市须谨慎”，这句至理名言流传甚广，大部分股民心里都清楚它的含义。但是仍然有很多人抱着一夜暴富的想法，把一切家当都押在了股票上，往往一不小心就会让自己身无分文，或者赚了一些利润之后就得意忘形，忘记了股市的风险，最终负债累累。

还有一种不可取的心理，就是在炒股中遭遇挫折以后，开始变得畏首畏尾，犹犹豫豫，错失良机。要时刻牢记“胜不骄，败不馁”的道理，增强风险意识，冷静、客观、理智地研究股票行情，遇到挫折也不要灰心丧气。

二、资金准备。空手套白狼不是完全没有可能，但这种可能性实在是微乎其微，投资者想要炒股入市，一定要保障自己有一定的资金可以进行正常运转，而且最好是手里头的闲钱。千万要注意，不要把有重要用途的资金投入股市，这样的风险太大。而且不要一次性把钱全部投进去，要留存一部分资金在手里，以防出现意外情况。

三、知识准备。股票作为一个经济术语，股市作为一个虚拟市场，它们充满了各种专业的代码、规律、法规，因此，投资入市之前必须做好一定的知识准备。要对股票了如指掌，掌握股市操作的基本功，能够精确地分析股市的走向。

那么怎样才能炒好股呢？

一、集中投资

股神巴菲特曾经说过："多元化的投资……虽然投资的风险降低了，但是收益也同时被降低了，所以这不是最佳的投资策略。我一直奉行少而精的原则……"巴菲特的意思即是反对过度地分散投资，就像带孩子一样，孩子太多了，会让你忙不过来。

集中投资比分散投资更容易获得收益，因为你拥有的股票种类越少，你就能越专注地去研究这只股票的动态。对于资金不算太宽裕的普通投资人来说，在自己的资金不够让你随心所欲的时候，切记贪多嚼不烂，过分分散的投资不仅浪费精力，而且利润很低，应该集中投资一家公司或者极少数几家的股票。

二、选好股票

炒股最重要的一点就是如何选择一只合适的股票。如果都像丘吉尔一样盲目，只依靠直觉来选的话，想不赔钱都很难。选择股票，不一定要选择最好的，而要选择最有升值空间的。

英国著名基金经理陶布认为，投资其实很简单，就是选择那些世界上最好的企业。优秀的企业是最有升值空间的投资目标，因为越是优秀的企业，股价也就相对越高。

当然这是针对那些有充足闲散资金的人来说的。如果是条件一般的普通股民，那最好是选择那些快速成长型的具有潜力的企业投资。比如金融企业、电子信息企业、医药企业等。

三、止损止赢

很多股民都会给自己设立一个亏损的最低限度，超过多少就不再往股市里投钱，这样理智的做法能够有效防止自己陷得太深。与此同时，止赢也同样重要。投资就像赌博一样，输的人想要捞本，赢的人却还想再赢。贪心不足的后果往往是连本带利输个精光。要学会知足，在盈利之后就该急流勇退。

凯恩斯的最大笨蛋理论

为了能够不受经济上的困扰，可以专注地从事学术研究，经济学家凯恩斯经常外出讲课，赚取课时费来支持自己的事业。在大约6年的时间里，凯恩斯什么课都接，什么课都讲，无论是经济学原理、货币理论，还是证券投资等，因此他被人评价为“一架按小时出售经济学的机器”。但是课时费的收入毕竟是沧海一粟，仅靠赚课时费来改善生活并不能起到太大的作用。

明白了这个道理后，凯恩斯便打起了“投机”的主意。1919年8月，凯恩斯向朋友借了几千英镑去做远期外汇，仅仅用了4个月的时间就赚回了1万多英镑，这相当于他讲课好几年的收入。赌徒之类的投机客往往都有这样的心理：输了想要捞本，赢了就还想赢，这种不劳而获的天降之财让凯恩斯一时迷失了方向，在3个月之后，凯恩斯就赔了个底朝天，不仅把赚来的钱输掉了，还把借来的本金输了个精光。

正是这次打击让凯恩斯看到了自己的弱点，并且对这种“赌徒心理”进行研究。7个月后，凯恩斯又开始涉足棉花期货的交易，这次他大获成功。后来，凯恩斯几乎把期货品种做了个遍，而且还涉足了股票，赚得盆满钵满。到1937年，凯恩斯因病而“金盆洗手”的时候，他积攒的财富已经多到正常人几辈子都享用不完。

在后面的投资中，凯恩斯之所以能够如此成功，是因为他与一般赌徒不一样。在做生意的同时，他没有忘记自己是个经济学家，除了赚取可观的利润之外，还发现投机生意中的“最大笨蛋理论”，也被人叫作“博傻理论”。

最大笨蛋理论是指在股票、期货这些资本市场中，总会有一些人不管某件东西的真实价格而都愿意花大价钱去购买，因为他们期望着会有一个更加愚蠢的人花更高的价格从自己手里把东西买走。

最大笨蛋理论所要揭示的就是投机行为背后的动机。投机行为的关键是判断“有没有比自己更大的笨蛋”，只要自己不是最大的笨蛋，那么就一定是赢家，只是赢多赢少的问题。如果再没有一个愿意出更高价格的笨蛋来做你的“下家”，那么你就成了最大的笨蛋。可以这样说，任何一个投机者信奉的无非就是“最大笨蛋”理论。

它告诉世人一个道理：人傻不可怕，可怕的是你不仅是那个最傻的，还是最后一个傻子。

在这里给大家讲一个故事：一天，一位石油老板去天堂开会，当他急急忙忙地跑进会议室时，却发现已经没有座位了。他思考一番之后，对着会议室大喊一声：好消息！好消息！有人在地狱里发现石油啦！

一石激起千层浪，这小小的一句话，在会议室里引起了巨大的骚动。天堂里大老板们都想成为第一个开发这个项目的人，于是都争先恐后地朝外跑，生怕落后一步被别人抢走了利润。

位置顿时就空了出来，发布消息的石油老板慢悠悠地准备找个角度好的座位坐下时，突然听到外面有人在议论地狱的石油是多么多么丰富。这位老板愣住了，难道他随口一说，竟然真的就这么凑巧被他说中了？地狱真的发现了大量的石油？于是他赶紧朝地狱跑去。结果发现被人家骗了，地狱中并没有石油。

你看，这个故事就告诉我们，地狱里有没有石油并不重要，在利润的驱动下，总会有一些傻子在不清楚消息真假的情况下，盲目跟风地涌进地狱，成为最后那个“傻子”。

1720年，英国陷入了股票的投机狂潮中。一个不知名的人士创建了一家根本不存在的公司，在股票认购的时候，自始至终都没人知道这家公司在哪儿、干什么的，却有近千名投资者挤破了门槛疯狂抢购。其实没有多少人真的相信可以借此获得丰厚的利润，他们只是期望着有更大的笨蛋出现，花更多的价钱让股票上涨，让自己赚钱。

而最有意思的是，著名物理学家牛顿也参与了这场投机，并且做了那个最后的、最大的笨蛋。他因此感叹：“我能计算出天体运行，但人们的疯狂实在难以估计。”

著名的郁金香效应正是笨蛋理论的最好体现。1593年，一位到荷兰任教的植物学教授带来了一种荷兰人从未见过的土耳其植物——郁金香。任何东西，只要稀有就是珍贵的，无数王公贵族都陆续到教授家里拜访，希望能得到教授赠送的一株郁金香。但他们的要求无一例外全都遭到教授的拒绝。于是有些人提出出钱购买，但是教授依然拒绝。一时间，郁金香成了荷兰人追捧的焦点，被炒到了高价。

在此情况下，一位想借机发财的荷兰人就采用了一种冒险的方法：偷！他潜进教授的家里偷走了好多郁金香，转手出售，大赚了一笔。

郁金香因此流传出去，不少投机分子都想办法进行倒卖。为了让郁金香更加值钱，他们还编造了一个有关郁金香的浪漫传说：远古的时候，三位勇士同时爱上了一位美丽的姑娘，姑娘住在一座古老的城堡里。为了追求姑娘，他们三个人分别给姑娘送了礼物：皇冠、宝石和利剑。但是姑娘谁也不喜欢，又不想拂了他们的好意，于是向花神祈祷。花神感其诚心，就把皇冠变成鲜花，宝石变成绿叶，利剑变成球茎，最后组合成一支美丽的郁金香。

故事一经传开，更加深了人们对它的钟爱，再加上郁金香浓郁的异国情调，很快就成为荷兰花园里人见人爱的花卉品种，人们竞相购买，价格极其昂贵。而那些染病而带有斑点或条纹的花朵，更是被视为稀有品种，成为人们疯狂追逐的目标。全国上下的荷兰人都开始为郁金香疯狂。

原本那些旁观的人，看到参与者赚到钱之后，也纷纷加入疯抢的队伍中。虽然人们大都知道郁金香球茎的价格早已远超其正常的价值，但是他们都觉得会有比他们更愚蠢、更傻的人愿意出更高的价钱从他们手中买走郁金香，别人会比他们更“傻”，会心甘情愿地付出更高的价钱。

但无论如何，投机狂潮也不可能永远持续下去，事实也的确如此。郁金香狂热的终结，终于在1637年2月4日不期而至，最大的“傻瓜”终于还是出现了。

而到现在，这种情况还是时有发生。2011年，日本发生地震，导致福岛核电站爆炸，发生了核泄漏。尔后人们疯传，由于地震，海水受到污染，以后的海盐将不再能食用。为了防止食用到带有辐射的盐，事故发生后，欧美部分地区公众开始购买碘盐，中国一些地方也出现了公众盲目抢购碘盐的情况。

很快，全国多地超市的食盐迅速被抢购一空。很多不良商家趁机抬高盐价，牟取暴利，但是高价仍然阻止不了群众的囤盐行为。更有甚者，买完盐后，再高价转卖，赚取差价。

在你当了傻瓜之后，总会有更傻的人排在后面。

所以，要想避开“笨蛋理论”，不做最后的傻瓜，一定要审时度势，保持理性，有立场，不要盲目从众。

皇帝为什么不能拆除磨坊

19世纪60年代，普鲁士国王威廉一世刚刚打赢了对抗奥地利的战争。战后，他来到了在波茨坦的一座行宫里。胜利让他感到兴奋，于是他兴致勃勃地去登高望远。登上行宫顶层之后，威廉一世发现行宫前有一座破旧的磨坊，这让他大为扫兴。

于是威廉一世叫来侍卫，给了他一笔钱，让他去跟磨坊的主人交涉，拆除磨坊。

侍卫找到磨坊的主人，说明来意，要他拆掉磨坊。磨坊是祖传的，主人听了自然不肯。

威廉一世听到侍卫的回复后，非常生气，于是下令叫人强行拆除了磨坊。

磨坊的主人又惊又怒，没过多久，就一纸诉状把威廉一世告上了法庭。法庭最后判定：威廉一世目无王法，不经法人同意，擅自损毁了磨坊，侵犯了磨坊主人的财产权益，被责成赔偿磨坊主人的一切损失，并且在原有地址再重建一座同样大小的磨坊。威廉一世无奈之下，只好派人在原地重建了一座新的磨坊。

后来这座磨坊成为了著名的旅游景点，至今还屹立在波茨坦的土地上。

《诗经·小雅》有言："普天之下，莫非王土；率土之滨，莫非王臣。"那么皇帝为什么没有拆除磨坊的权力？因为磨坊的产权属于磨坊主人所有，他作为这一财产的所有者，其财产所有权和产权应该得到国家法律的相应保护，法律驾驭在王权之上，就算威廉一世的权力再大，也得服从法律。磨坊的产权属于磨坊主，国王就无权处置。

那么产权究竟是什么呢？产权是经济所有制关系的一种法律表现形式。不同的经济理论，或者不同的经济学派对于产权的定义不是完全相同的，最为广泛、接受度最大的定义是："产权是主体对客体一系列权利束的总称。"简单来说，产权主体与产权所有者之间的关系是被人认可的。产权主要包括对财产的占有权、使用权、转让权、受益权等。

也许这些术语很多人听起来颇为拗口，我们不妨举个例子来说：假设你名下有一套房子，然后你把这套房子租给你的朋友住，朋友每年付给你5万元的房租。

那么在这个过程中，就能体现出产权的意义，具体来说：

首先，是你拥有房屋的占有权。占有权具有很大的排他性，因为房子的产权属于你，所以在你占有房子的同时，其他的人就不能再占有这个房子。

其次，你拥有房屋的使用权。你能够独立地决定房子如何使用，比如你是选择出租，还是自己居住或者使用，你拥有自主处理房子的权力。

再次，你拥有房屋的转让权。除了出租给别人住以外，你还可以将这套房子拿到市场上进行自由买卖。

最后，你拥有房屋的受益权。你可以获得无论是出租还是转卖，或者使用房子来做生意所获得的任何利益，比如朋友每年向你交纳的5万元的租金，就是房屋产权的收益。

在市场经济条件下，产权的属性主要体现在三个方面。

第一方面表现为：产权具有经济实体性。所谓经济实体性，简单来说，具备三个典型特征：

1.作为参与社会再生产的前提是必须有一定的财产；

2.必须是可以直接参加社会再生产活动；

3.经济利益的独立，并且把实现自己最大化的经济利益作为参与社会营利性经济活动的主要目的。

第二个方面表现为：产权具有可分离性。在市场经济中，财产的价值与使用价值有时候是分离。也就是说，这项财产权利在法定的最终归属上，并不一定为该实体所具有。

第三个方面表现为：产权流动具有独立性。也就是说，产权确定之后，产权所有者拥有在合法范围内对于产权主体的变迁和获利的权利，不受到任何干扰。

产权的问题之所以会引起人们的重视，原因在于产权与经济效率之间存在着密切的关系。如果没有产权制度，就会导致资源浪费、效率低下等后果。我们可以通过一个常见的生活现象，了解到产权制度缺失可能导致的结果。

世界上任何一个人平均每年最低要消费30千克的鸡肉、25千克的鱼肉和26千克的牛肉，但是谁也不会去担心这种消费是否会造成鸡、鱼、牛这些动物的灭绝。而世界上很少有人吃鲸鱼肉。但是在20世纪80年代，由于担心鲸鱼遭到灭绝，国际上出台了一项暂停商业猎鲸的法规。为什么在同样的市场系统下，鸡、牛、鱼的数量即使在价格低、大量的猎杀下也可以得到保证，而价格高昂的鲸鱼生存却受到了威胁呢?

原因其实很简单，因为猪、牛、羊是私人物品，为了它们的商业价值会得到饲养者也就是产权所有者的保护，而鲸鱼是共有的资源，不存在产权问题，也就没有人保护它们，同样为了商业价值却会遭到大家的猎杀。

我国记载轶事逸闻的诙谐故事集《世说新语》里记载了这样一则故事："竹林七贤"之一的王戎，从小就聪明过人。离他居住的村子不远处，有一棵长在路边的李子树。

一天，他同村里的孩子路过这棵李子树，树上长满了鲜艳饱满的李子，在炎热的天气下显得十分诱人。同村的孩子都因为口渴跑去摘李子吃，只有王戎一副漠不关心的样子，并劝阻其他人不要去摘，因为李子肯定是苦的。

伙伴们都不信，纷纷跑去摘李子，结果一尝才知道李子果然是苦的，不仅苦还很涩，难吃极了。尝过李子的人叫苦连天，他们不禁问王戎："你是怎么知道这些李子是苦的呢？"王戎说："因为这棵树不归任何人所有，而这棵李子树上的李子太多了，你想每天来往的人那么多，谁都可以摘，如果李子好吃的话，早就被人摘光了，还轮得到我们吗？"

可见王戎是真的很聪明，仅仅从李子树没有所属权这一点，就能推断出树上的李子是苦的，这其实就涉及了经济学中的产权概念。

那么为什么李子树没有所属权，就是苦李子呢？因为李子树没有所属权，它的产权就是属于公众的，不属于某一个人，自然就没有人愿意照料这棵树，对它进行培育，树上的李子自然就是苦的了。

所以，只有通过产权制度的判定，让产权主体有了明确的归属，才能使资源得到最大化的保护和利用。所以，明晰产权是市场经济制度的基础。所有实行市场经济的国家，无一不立法把保护产权作为基本的原则。产权确定了以后，就可以使产权所有者承担起应有的权益和责任，在这种情况下，所有者就会最有效地利用自己的资源。

目前产权制度还不完善，所以在实际生活中，我们要注意保护好自己的财产权利，在经济活动中要保护好财产获得的法律依据。

一位朋友向我讲述了一件他亲身经历的事情。他有一个干运输的亲戚，他曾经把自己多余的一辆车转让给亲戚使用，由于都是熟人，而且也没有什么产权意识，当面钱货两清后，也没人提出去办理手续，所以那辆车还一直在他名下。

结果等到朋友去年检验车的时候，发现自己被开了数万元钱的罚单，仔细一查才知道，罚单是转让出去的那辆车开的。两年内，对方居然从未交过一次罚款。没有办法，他这个产权所有人只能乖乖交钱，白白多花了几万块。

所以说，产权制度是市场经济的基础，建立一套完整有效、可操作性强的产权保护制度，无疑是非常重要的。

第七章 Chapter 7 选择的迷宫：

为什么我们做出的决定自己都意想不到?

为什么渔翁要小鱼不要大鱼?

有一天，几名游客到海边游玩，发现一个渔翁在岸边钓鱼，看样子收获颇丰，于是就去围观渔翁垂钓。

看来这名渔翁的运气不错，不一会儿竹竿就有了动静，渔翁一扬竿便钓上了一条大鱼，约两尺来长。落到岸上之后，那条鱼仍在挣扎，不停地扑腾。在大家都在讨论这条鱼有多重的时候，只见渔翁解下鱼嘴内的钓钩，顺手将鱼丢回了海中。

围观的群众一声惊呼，这么大的鱼都不屑要，不知道这位渔翁到底有多大的雄心。

没过多久，渔竿又是一动，渔翁把竿一甩，又钓上来一条两尺多长的鱼。渔翁仍然没有多加留恋，看也不看一眼钓上来的鱼，还是解下鱼钩，把这条鱼放回了海里。

等到渔翁第三次扬起渔竿时，钓上来的却是一条小鱼。围观群众都以为，渔翁更不会留下这么小的鱼，还会像前两条鱼一样，把它放回大海。

却不料渔翁将鱼解下后，小心地放进自己的鱼篓中。

在一旁观看他垂钓的人感到非常不解，于是就问渔翁：“你为什么要放掉大鱼，而留下小鱼呢？”

渔翁不假思索道：“那是因为，我只有一口小锅，煮不下大鱼，而且小鱼的味道更鲜美。”

在这个故事中，渔翁虽然很想吃鱼，但是他并没有盲目地要大鱼，而是根据自己的实际需求选择了小鱼。这就告诉我们一个道理，在产品营销中，要想让顾客购买你的产品，不能只看到顾客的购买欲望，必须要想办法了解顾客的消费需求，为他们提供适合他们的产品。

消费者需求就是指消费者有购买某种产品的欲望，并且有购买的能力。根据这个定义，我们就可以知道构成需求的主要因素有两个：一个是购买能力：另一个是购买欲望。消费者的购买欲望由个人的需要和喜好决定，但是这种需要和喜好又取决于消费者的物质需要和实际的消费能力。同样一件产品，不同的顾客有不同的需求，就像一台电视机，有的顾客房子大，自然就想买尺寸大一点的；而有的顾客房子小，大的电视机不仅超出了他的消费能力，还不符合实际需要，小客厅里摆上一台大电视，岂不是怎么看怎么别扭吗？

根据马斯洛需求理论，从满足生理需要到满足自我实现需要，我们将消费欲望分为五个层次：

第一层次是满足生理需要的欲望；

第二层次是满足安全需要的欲望；

第三层次是满足归属和爱的需要的欲望；

第四层次是满足尊重需要的欲望；

第五层次是满足自我实现需要的欲望。

而按照不同的标准，消费需求也分为不同的种类：

一、从消费需求能否实现来分，需求可分为实际需求、已实现需求和未满足需求。顾名思义，实际需求就是消费者实际需要、有支付能力的需求；已实现需求是指消费者已经购买了或者享受到了服务的需求；未满足需求是指消费者的需求未能得到满足，在市场上缺乏相关的产品或者服务。

二、从消费需求的表现程度来分，需求可分为显现需求和潜在需求。显现需求是指在生活中凸显出来的急需解决的需求，比如柴米油盐等生活必需用品；而潜在需求是消费者自己都没有明确意识的一种朦胧的欲望，就好像你没有车，但是看见别人在讨论应该买什么什么样的坐垫时，却总是会起劲地跟着讨论一番。值得注意的是，潜在需求对消费者来说，虽并不明确，但对其行为会产生巨大影响。

三、从消费需求是否实用上来分，消费者需求则分为实用需求和享受需求。消费者消费的两个驱动力就是使用和享受，在消费者为实用需求所驱动时，他选择产品的标准就是产品的质量、可靠度、合算与否以及是否便于维护等。就像在选择出行工具时，消费者就会根据距离的长短还有时间的紧迫度来选择到底是自行车更实用，还是电动车或者汽车更为便利。

而享受需求是指消费者获得愉悦、尊重与地位以及表现自我的愿望，是一种主观的感受。在这种情绪化的驱动下，消费者选择的标准就是产品或者服务的舒适性和享受性。比如床，我们一般每天至少要在上面度过八小时，因此一定要以舒适度为主。

一种商品是满足消费者的享受需求还是实用需求，因时间、收入水平等的不同而不同，也就是说，实用需求与享受需求有时候可以相互转化，是一个动态的因素。

很多人弄不懂消费需求和消费欲望的区别，其实二者相辅相成，又存在着很大的差距。

一位年轻女士来到一家童装店买衣服。店员热情地走上前去，微笑着说："欢迎光临，有什么可以帮您的吗？"

女士看了一圈后，说道："我想给我的女儿买一件外套。"

"孩子几岁了？想要什么样的外套呢？"

"今年八岁，我想买稍微厚实一点的，不要太贵的。"

店员听了之后，转身从货架上取下一件衣服："那您可以看看这一款，这是我们店里卖得最多的一款，很多小朋友都非常喜爱。"

女士闻言，便取过来认真翻看，试了试衣服的厚度，又摸摸面料，最后翻到标价：235。一件小孩子的外套居然要这么高的价格，女士皱了皱眉。

店员心思活络，一眼就看出女士是觉得价格太高，笑了笑道："这件衣服的价格是蛮高的，但是贵就有它贵的道理，这件衣服是国际大牌，是现在最流行的款式，你看它的面料、做工，而且针脚多齐整呀，而且特别挡风，像这么冷的天，穿着它非常暖和。"

女士说："质量是挺好，但是小孩子嘛，长得快，今年的衣服明年就穿不上了，不需要买这么贵的衣服。"说完，便开始转着看别的衣服去了。

店员并不气馁，跟上女士，又详细介绍了那件衣服的诸多好处，极力劝说她购买这件衣服。

老板看见了，走过来拦下滔滔不绝的店员，然后拿起另一件质量也不错但是价格相对低廉的旧款对女士说："这件衣服也不错，版型漂亮，面料厚实，而且正在打折，现在购买只需要88元，您觉得怎么样？"

女子仔细看过之后，赞不绝口，高兴地买下了。

等到女士走了之后，老板意味深长地对店员说："有时候，不仅要看到顾客想要什么，还要看到顾客能要什么。顾客的欲望并不代表着需求，需求是有限制的欲望。要从顾客的实际需要出发，什么层次的人就推荐什么层次的产品。"

店员听了，若有所思。

消费欲望是针对消费者个体而言的，具有特性。但是这些欲望并不是人人都有的，每个人的欲望点也都不一样。而需求则建立在购买能力的基础上。比如汽车，作为一种便捷的交通工具，人人都需要。但对于没有购买能力的人来说，小轿车就是一种奢侈品，只能是一种欲望。而对于具有足够支付能力的人来说，才是需求。

"需求和欲望"一直是营销的核心内容。尤其当全球进入需求型经济社会后，市场供给出现过剩，买方控制市场。"为谁提供产品，应该满足消费者什么样的需求，满足这种需求应该制造什么样的产品"渐渐成为关注的重点。

为什么明明是别人的选择，最后却变成了你自己的了？

你是否有过这样的经历：

三两好友一起出去逛街的时候，看见好友们都围着一个产品讨论该买什么颜色的，其中一个人转脸问了你一句："你要买哪一个呀？"你看了一眼后，犹犹豫豫地说："蓝色……的吧。"然后同伴们就自觉地帮你把它放到了购物篮里。等到付完账后你才反应过来自己明明不需要买这个，一开始也没想买这个呀。

或者在你面临人生重大转折的时候，比如高考报志愿，你心里想要报考的明明是旅游专业，你喜欢当导游，可以尽情游山玩水，可以见识各地的风土人情……但是你的父母和老师都告诉你，这是一个没有前景只能吃青春饭的专业，出来之后不好找工作。你应该报考医学专业，以后出来当一个医生，不仅是一个金饭碗，家里面谁有个头疼脑热的也会方便很多。所有人都这样说，在填志愿的时候，你就真的下意识填了与医学有关的专业了。

有时候，明明是别人的选择，最后却变成了你自己的，为什么会出现这样的现象呢?

美国心理学家阿希在1951年曾经做了一个著名的心理学实验，叫作“从众实验”。阿希特别设计了七个实验室，找来了七组大学生，给他们每个人看两张图片，两张图片上是一样长的两根绳子，然后问他们哪张图片上的绳子比较长。为了实验效果，阿希事先在每组中选择了一个对象，并与其他组员打好招呼让他们说假话，也就是说，众人合起伙来“骗”一个人。

实验开始了，在每组实验室里，前几个托儿都说第一幅图片里的绳子更长，那个真正被测验的人一开始还坚信两根绳子一样长，但是在其他几个人的统一口径下，他开始怀疑自己。最后竟然有三分之一的人直接跟随大众选择了“前者更长”的错误答案，另外三分之一在选择了正确答案后，经过再三犹豫又改了答案，依然选择了大众的意见，只有三分之一的人一直坚持自己的选择。

无独有偶，某高校也做了一个相似的实验：某大学邀请了一位德国化学家来做讲座。在讲座中，德国化学家向学生们展示了他最近研究出的某种液体。满脸大胡子的德国化学家用蹩脚的中文跟同学们说：“我最近研究出了一种具有强烈挥发性的液体，现在我想要你们帮我做一个实验，看看这种液体挥发到整个教室需要用多长时间，待会儿我把瓶塞打开，闻见味道的同学就举手示意，我会在一边计算时间。”说完之后，他拿出一个秒表，然后打开了密封的瓶塞，让透明的液体挥发。

瓶塞刚一打开，最前排的同学就举起了手，接着中间的同学、两边的同学和后排的同学都相继举起了手。两分钟不到的时间，全部学生都举起了手。此时，化学家倒掉了液体，笑着说：这里装的只不过是一瓶纯净水。

这两个实验证明了人的从众心理：个人的行为会受到外界人群行为的影响，从而使自己的判断和认识向多数人的行为方式转变。

这种从众效应叫作“羊群效应”：草原上的羊群没有组织、没有纪律，但是一旦头羊行动起来，其他羊就会毫不犹豫地跟着头羊行动。形象一点来说，如果你放一个障碍物在它们面前，第一只羊走到这个地方会跳过去，第二只也会跳过去，第三只、第四只同样如是。但是当你把障碍物搬走之后，后面的羊仍然会跳着过去。

“羊群效应”就是用来表示在群体的影响下，个人的观念或行为向与多数人相一致的方向变化的现象，就好像赶时髦，走在大街上随便一抓就是同款一样。对于一些新兴的潮流和思想，人们会追随大众所同意的，甚至否定自己的观点，并且不会去思考事件主观上的意义。群体观点会影响动摇那些持有怀疑态度的人，这种盲目的从众往往会使人失去理性的判断，陷入骗局或者遭受失败。

在经济学中，“羊群效应”最早是股票投资中的一个术语，主要是指投资者在交易过程中存在的学习与模仿的现象，有些新手因为不懂得分析股票的走势，不知道买哪只股票好，就会有样学样，盲目效仿别人，从而导致股市里某段时间内会出现一只被频繁交易的股票。

这个概念后来被延伸到投资经营上，指的是由于缺乏对信息的了解，投资者很难对市场的未来做出合理的预期，于是他们就会通过观察周围人群的行为而提取信息。在信息的不断传递中，许多人的信息将大致相同且彼此强化，投资者就可以利用这种“羊群效应”总结出自己的市场预期。

我们有时候会发现，市场上流行的那些新生商品，并不是大家必不可少的，有些甚至是不需要的，但就是有很多人前仆后继地去购买，然后放在角落里堆积着，积了一身灰也用不到几次。这就是为什么商品要做广告的原因了：为了造势，为了唤醒消费者的从众心理。只要能培养出一部分消费者，跟从的人就会越来越多，商品就有了市场。

几年前特别流行的一种叫作“掉渣饼”的食物不知道大家还有没有印象，这其实是一个湖北姑娘发明的快餐食品，在短短几个月内，风靡了大江南北，颇有星火燎原之势，甚至被称为“中国式的比萨”。

“掉渣饼”最火的时候，仅仅在北京这一个城市就有一千多家卖“掉渣饼”的小店和流动摊点。“掉渣饼”这种烧饼店的投资很少，只需要一台烤炉、一个和面机和一个操作台就行了，连门面房都是可有可无的，几万块的投资就能开起一家店铺。而且利益可观，每张饼的成本价平均算下来不到一元钱，一天下来可盈利上千元，于是一个又一个的投资者加入进来，想要分一杯羹。

可是，没多久，“掉渣饼”就在大众的视线里无影无踪了。说到底，是因为“掉渣饼”这种产品制作方法太过简单，没有过高的技术含量，看几遍就能学会，容易仿制，而且成本低，门槛低，所以盲目加入的人越来越多。但是市场总会饱和的，再加上管理混乱，这个品牌渐渐就倒下了。

然后在品牌倒下的过程中，又是一个学着一个，看到别人不做了，就跟风放弃。试想如果聪明一点的人当时咬牙坚持下来，说不定如今又是另一番风景了。

你的邻居往往是最好的推销员

一个推销员向一位顾客推销产品，坚持了好几次，顾客仍然无动于衷。过了一段时间之后，这位顾客竟然神奇地购买了推销员的产品。

同事问推销员是怎么做到的。推销员笑笑说："因为我创造了一个最好的时机。"

同事又问，怎样好的时机？

推销员回答："这位顾客是一个攀比心很重的人，前几天我刚刚向他的邻居推销了我们的产品。"

生活中，我们常常能听到这样那样的话：

"我们单位的同事里，有好几家都把孩子送去省城读中学，念的是高级私立学校，人家的教学水平高，升学率也高，而且还是封闭式管理，对孩子成绩有好处，我看不如也把咱家孩子送去吧。不就是钱贵了点吗？那人家能供得起孩子，我们难道就供不起吗？"

“我昨晚去参加大学同学聚会，丽丽又换了一台新车，大奔，超靓的，一下子把所有人都比下去了，让人好一顿羡慕。看来我们家买车的计划得提前了！另外，标准也要提高，怎么也得比丽丽的车好。要是差点儿钱的话，可以先向亲戚朋友借一点儿，宁可身上受苦，也决不能让面子上无光。”

“昨天，表姐乔迁，我去赴宴，到了他们家之后才知道什么叫作高端大气上档次。人家那大房子、那高档装修，谁去了谁羡慕。等几天我就去她们小区看房子，借钱也得把首付给付了，要装修得比她们家还高级。”

这些现象时有发生。当我们看见身边的人新买了或者拥有你没有的一些东西时，不管这件东西对你有没有用，也不管自己有没有能力去购买，在攀比心的驱使下，你都会想尽一切办法得到它，否则就会觉得过得没有别人如意。

从经济学解释，那就是这种现象充分体现了消费者的两种消费心理：

一、攀比效应

攀比效应是一种典型的外部正效应，即想拥有一种其他消费者尤其是身边的人已拥有的商品。

当某一样商品、服务或身份开始在市面上出现，并且开始逐级流行，变成一种趋势，而且一旦推广到某个爆发点，则会更加快速发展，大家就会觉得：别人都有了，我也得去买一个。就像苹果手机、各种资格证、女人的化妆品、男人的手表、汽车、小学生买电脑、保险等，数不胜数。这些东西到手之后，并不见得对个人有什么作用，但是如果你没有，就会感到自己低人一等。这种人的心理就是，对自己有多大用处不重要，重要的是一定不能够落后于别人。

今天，我们就来讲讲一头驴被饿死的故事。

一头驴干了一天活，饿了，它走到路边一个干草堆前打算吃一些干草。它低下头，刚要开始吃，眼角瞥到旁边的另一个草堆，忽然觉得旁边的另一堆干草看上去更大一些。于是，它走到另一堆干草前，准备吃草。但是走近一看，发现草堆并没有刚才看的那么大，它回过头来看了看，发现还是原来那堆干草比较大。于是它又走了回去，然后又觉得这堆草也不大。这头驴想吃多的那一堆，却拿不准到底哪堆草更多一些，就这样在两垛干草之间走来走去，最后饿死了。然而，其实两堆干草是一样大的。

得失的感觉来自于攀比，这种攀比可以是跟别人，或者是跟自己的过去，或者是跟眼前的利益与将来的利益作比较。人都有长短，攀比或使人虚荣，或使人抱怨，这对人良好心态的调节是很不利的。

老王在一家国企上班，一次评级中他被少评一级，于是就终日耿耿于怀、喋喋不休。后来他发现别人都比自己强，日子久了，他居然发展到精神失常，不能自控。

看到老王成这个样子，许多同事去劝他，开导他，然而他一句都听不进去。

二、虚荣效应

虚荣效应是一种典型的外部负效应。消费者一般都想拥有只有少数人才能享用的或独一无二的商品，拥有某种虚荣商品的人越少，该商品的需求量就越大。

艺术珍品、特别设计的跑车以及定制的服装都是虚荣性商品。顾客从艺术品或跑车等中获得的价值，多半来源于“几乎没有人拥有与我一样的东西”而产生的特权、地位和排他性。

最典型的就是市场上各种“限量款”，比如世界著名品牌——爱马仕。爱马仕每出一款新品，就采取限量生产的模式。珍贵、稀少使得爱马仕包在顾客心里变成了地位的象征，谁能收藏到，谁就特殊，这种独一无二的身份象征让很多消费者趋之若鹜。

追星族中这种心理就更常见了。明星拍摄的杂志都会搞什么提前预售，先拿出几百本让粉丝为了那仅有的名额抢得头破血流的；人气高的偶像拍个电视剧，搞什么先网后台——先在视频网站播出，然后再在电视台上放，只有开通VIP的人才能先睹为快。不想花钱的人就只能等，在一边干着急，然后一咬牙、一跺脚，就去充了会员。

我一个同事，因为出了一次小车祸，心有余悸，就决定给自己和家里人买保险。但是他买保险，不是根据自身的经济支付能力来决定的，而是哪种贵就买哪种。据他自己解释，他办的这家保险是亲戚给他推荐的，都是熟人，他不能丢面子，办那种小气吧啦的，将来传出去不好，要办就办别人都办不起的。

你看，像这类人，如果推销员遇上了，简直都要笑醒了好吗。根本不用推销员浪费唇舌去推销，自己就把大把的红红绿绿的人民币送上门了，说起来，还是得感谢“邻居”们啊。

很多时候，并不是“少数服从多数”

有一天下班后，我到公司附近的一家理发店去简单修理一下头发。理发店里人很多，于是我就坐在一旁等候。

客户当中有三个学生，看模样不过十五六岁，应该是刚刚放学。理发店老板正在给她们其中的一个推荐发型，建议她把头发剪短一点，留成披肩发，然后拉直，这个发型算是一个比较时兴的发型。

女孩说：“这种发型的人太多了，从背后看上去，都是一个样，我不要。”

老板说：“这种发型可以很好地遮盖脸型的缺点，让人看起来更漂亮。”

女孩说：“反正我不喜欢这个。马上放暑假了，我要把头发染成绿色的，然后烫一个梨花烫，这样才特别。”

我突然想起，有一次跟朋友出去逛街，结果发现了一个四十多岁的女士跟她撞衫了，朋友当时脸色就很难看，一直哀怨地看着人家。半晌后，像是安慰自己似的，说道："撞衫不可怕，谁丑谁尴尬。"

不知道什么时候起，撞衫成了一件人人避之不及的事情。这其实是求异心理在作怪。

求异心理，是与从众心理相反的一种心理现象，具体表现为追求与社会流行不同的消费倾向，追求与众不同，标新立异。这些心理类型并不能指某一类人，事实上每个消费者都会有这样的心态。当一种产品满足了顾客这种心理需求时，就会诱发他的购买动机。

有些大品牌打的就是独一无二的名头，比如特步的广告语就是"非一般的感觉""让运动与众不同"，还有美特斯邦威的"不走寻常路"，都是看准了现代年轻消费者的求异消费心理。同样，现在很多商家都打着限量版的噱头，其实无非就是找准了消费者张扬个性、标新立异的"软肋"。限量代表着什么？代表着特别，代表着与众不同，而这会成为很多消费者的消费动机。

出现求异心理消费的一个重要原因是个性消费的形成。随着国民收入水平的不断增加，居民消费水平也在不断提升，随之而来的"个性化"消费心理得以逐渐成形。

在过去相当长的历史时期内，商品的生产方式都是工业化和标准化，大量成本低、样式单一的产品淹没了消费者的个性。而经济的短缺也造成了近乎垄断的市场，所以消费者很少有可以挑选产品的机会，因而不得不被压抑了消费的个性。

但是到了今天，消费品市场发展迅速，不管是在数量上还是品种上，大部分产品都已告别了单一化，变得极为丰富。而经济的提升也使得消费者有能力对需求商品进行挑选，并且渐渐地，消费者已经不满足于被动地挑选，他们开始制定自己的标准，主动向商家提出要求。

正如世界上没有两片相同的叶子，消费者的心理是不可能完全一样的，每一个消费者都是一个细分市场。当金钱不再成为购买力的阻碍，心理上的认同感逐渐成为消费者购买时的前提条件时，于是个性化的消费成为消费的主流。

个性化的定制消费，是不少年轻人的消费时尚。比如我认识的一个服装设计师，他开了一家极具个性的时装设计工作室，利用自己的知识和创意专门为顾客们量身定做服装。虽然定制价格不菲，但他的作品还是非常受欢迎，消费者络绎不绝，而且回头客特别多。

一次闲聊，他告诉我他开工作室的初衷，他说因为他能够理解那些消费者，他几乎很少去商场买衣服，他觉得撞衫是一件非常尴尬的事情，他忍受不了个性被复制，比起商品的实用与价钱，他更强调个性。

在个性化消费心理的驱使下，“见异思迁”的消费者变得越来越多，消费者越来越多倾向于求异消费，这对很多企业来说都是一个很严重的问题，尤其是白酒企业。因为白酒原料大都大同小异，在口味上是无法做什么文章的。而且消费者们喜好各异，不仅仅是口感的挑剔，包括包装、价钱，甚至连酒名都要进行一番挑选。

就像名字，有的消费者喜欢简约大气、通俗易懂的酒名，不过也有消费者就喜欢拗口的名字；在包装上，有喜欢华贵奢靡风的消费者，有喜欢朴实厚重的历史范儿的消费者；在酒瓶的材质上，消费者的喜好也是莫衷一是，有的偏爱玻璃瓶，有的偏爱陶瓷瓶，还有的钟情于磨砂瓶；在口感上就更不用说了，有的喜欢淡雅型，有的喜欢绵柔型，更有喜欢味感浓烈、后劲强烈型的，等等。

越来越多的消费者在选择白酒的时候，已经不能满足于限定产品及品牌，喜欢尝试些不同品牌，而消费心理的多种多样，导致生产出来的产品很难做到迎合市场一半以上的消费者。在这种状况下，白酒企业的新产品开发变得更加困难，在一定程度上缩短了产品的生产周期，同时还会降低消费者对白酒品牌消费的忠诚度，以致对白酒品牌消费“迷离”。

因此，独具个性化的产品在市场上更具优势，会被更多消费者所关注，个性越是突出，就越能吸引消费者眼球，因而也会提高收益。

所以，很多企业巧妙地利用消费者的求异心理这个法宝，最终造就了一些知名响亮品牌。比如洋河蓝色经典系列，它巧妙利用了蓝色文化，适时地推出了海之蓝、天之蓝、梦之蓝等一系列品牌，一举跻身中国十大名酒的行列；又比如“四大名酒”之一的汾酒，经过审时度势，借着国人喜爱青花瓷的东风，及时开发出了一系列青花瓷瓶身的汾酒产品，成功实现了老名酒的复苏；再比如河南的仰韶酒厂，抓住了消费者收集彩陶制品的收藏心理，利用历史文化优势，完美借鉴了具有七千年文化的鱼纹葫芦瓶外形，适时开发出了彩陶坊系列产品，大幅度地提升了产品的知名度和销售额。这些案例都是利用了消费者白酒消费的求异消费心理。

求异消费心理追求标新立异、与众不同，对市场产生了两面性的影响。它的利在于可以彰显个性，并且间接地推动新工艺和新产品的出现。而弊在于代价大，社会不认可。

由此可见，作为一个企业经营者，需要与时俱进，时刻辨明市场消费的风向标，在合理范围内，适时地生产出消费者喜爱的产品，不断激发并满足消费者的求异消费心理。

为什么AA制在中国很难流行？

前几日，连续阴雨之后，天空终于放晴，正好赶上光棍节，兴致大好，有同事组了一个饭局，提议一起聚个餐，众人欣然前往。老板闻听，也加入了队伍。一行人浩浩荡荡向一家鱼馆进发。

酒酣饭饱之后，到了结账的时间，由于是临时起意，也没说好谁请客，所以一群人在那争着付账。这个说该他请，上次就是谁谁谁付的账；那个说该他请，因为自己资历最老，年龄最长；还有一个新同事也跟着凑热闹，说他是新来的，理应他请客……

就在每个人都争得面红耳赤的时候，老板来了一句："行了，都别抢了，有我在，哪能让你们请。"一句话定板，最终由老板付了账。

我不由得想起曾经有一次因为工作关系跟一位外国友人一起用餐，人家是客户，所以结账的时候，我自然而然拿出钱包准备结账。外国友人见了，便也拿出钱包来，作势要结账，我连忙推辞，阻止他，谁知人家外国友人只是付了自己的那部分。当时好一阵尴尬，敢情是我自作多情了。

我们中国人一向讲究礼节，讲究待客之道，每次朋友在一起吃饭，都要争着抢着付钱，好像他钱花了，却还占了多大便宜似的。而西方人却是不争不抢，均分平摊，AA制简单明了。

AA制是从国外传入的理念，是英文“Algebraic Average”的缩写，意思是平均，运用到生活消费中，就是按人数平摊的意思。这种理念在国外非常盛行，西方人几乎都是如此，但是在传入中国后却很难流行，到底是怎么一个难法呢？不如先来看两个例子：

案例一：小芳是一个刚刚进入大学的大学生，她的一群室友都很好相处，相同的年龄，相似的性格，友好热情，同样的处世不深，单纯善良，有着说不完的共同话题，相处得非常融洽。

但是她们有一个区别，就是小芳的家庭条件非常差，是从农村里走出来的苦孩子，学费、生活费，一切一切，都要靠自己努力，而舍友们却是在大城市里长大的，不缺吃不愁穿，花钱大手大脚。

为了维持宿舍的感情，她们有人提议宿舍每个月最低出去聚一次餐，更别提平时一起逛街、一起看个电影之类的了，而且亲兄弟明算账，大家都商量好，每次集体活动都要AA制，各付各的，免得因为钱的问题闹得不开心。所有人都觉得这是一个非常好的办法，但是没有人考虑到小芳的实际情况。

每次出去吃一顿大餐，都意味着小芳两天的兼职费都白赚了。而且每次宿舍里增添一些别人的“必需”用品时，比如穿衣镜、体重秤、摇摇椅等，这些东西小芳从来不使用，但是仍要出钱。

时间一长，小芳发现自己的生活越来越捉襟见肘了，每天辛苦兼职也是入不敷出。渐渐地，小芳开始找借口脱离集体活动，变得独来独往。

案例二：30岁的孟先生和他的妻子可谓是郎才女貌、门当户对，一直都是志同道合，感情甚笃，但是最近却闹起了离婚，而且铁了心怎么都劝不回来了，而原因就在于两人婚后实行了外国人流行的AA制生活。

孟先生在聊天中说道："这哪里是夫妻？充其量是个室友，室友的界限都没划得这么清。人家室友偶尔出门购物，遇到不方便的时候，还会帮补一下，也没动不动就提钱。"

孟先生和妻子一共认识三年，结婚两年多，可以说婚前的了解并不深。由于当时感情好，就想着先结婚后谈恋爱，慢慢磨合，但是这一磨合就发现了问题所在。

他们夫妻二人的月收入都差不多，算得上高薪阶层，而他的妻子性格非常独立、要强，从不用孟先生的钱买东西，自己需要的东西自己买，甚至连吃饭、约会，也都是各付各的。

婚后，他的妻子更是提出实行AA制，反正两人经济都能独立，不需要孟先生将钱交给她管理。

一开始，孟先生觉得这样也好，很多夫妻矛盾都是由于金钱纠纷，实行AA制的话，也许对促进夫妻感情有很大的帮助。但是渐渐地，孟先生就发现很多事情一旦AA制了，就变了味，不仅金钱AA了，好像感情也变成AA的了。比如家里某样东西坏掉了，需要重新买一个，孟先生便去商场重新买了一个新的回来。妻子问了价钱后，就给了孟先生一半的钱。后来，家里不管添置什么，大到电视机、空调，小到毛巾、牙膏、洗发露之类的，两人都是AA制。

有一次，孟先生加班比较晚，回家后妻子已经洗漱好了，在床上看书。因为还没吃晚饭，特别累，就想让妻子随便给他热些剩菜剩饭，自己先去洗澡。结果妻子说她晚上是在外面吃的，家里没饭，于是给他点了外卖。等到外卖送上门的时候，妻子说："这次外卖是给你点的，我就不给钱了。"一句话就破坏了那仅存的一点温情。

孟先生说，正是因为分得太清，算得太清楚，反而感情越来越淡，一点也不像是搭伙过日子的夫妻，这种冷冰冰的生活实在是无法再忍受下去了。

为什么会产生这么大的差异?

首先，是文化背景不同，中国人好客、讲面子，外国人实在、独立。同时经济基础也不同，西方经济发达，收入高，消费低，符合AA制使用的条件；而在中国，消费水平高，且经济阶层分明，在消费水平不同的情况下AA制，必然会使弱者遭受不公平待遇。

其次，就是经济学上的问题——收益与成本。不可否认，中国人做事都带有一定的目的性，中国人不会闲来无事请人吃饭，一定是因为有事相求或者回报恩惠的时候才会请客吃饭。正是因为带了目的性，那么他们就会想，我请你吃饭，付出了成本，自然就希望能够获得更大的收益，那么为了让你帮我办好这件事，就要招待好你，所以自然不可能让被请客的人付钱。

所以说，中国人请客吃饭是为了加强交情，结交对自己有用的人。那么作为一种感情投资，自然是付出越高，回报就越高，如果要AA制的话，不就降低成本了吗？收益也随之大打折扣了。

再换一种说法，外国人实行AA制，是为了使自己的成本最小化，而中国人盛行请客吃饭，是为了实现利益的最大化。追根究底，都是为了自己的利益考虑。

最后，还是要以经济学的思想来解释。经济学家们用“流动性”的概念来回答这个问题。在经济学家们看来，中西方的“流动性”存在很大的差异。

中国的人群流动性较差，几乎你在哪里定居下来以后就不会再变动，而且中国人热情好客，邻里之间互动频繁。在你今天埋单请客的时候，完全可以预期到被请的人日后也会请你，所以请客的人其实并不吃亏，大家轮着来就是了。其实从这方面来讲，中国的请客方式也算得上另一种“AA制”，虽然埋单的活一个人包揽，但并不是次次都是同一个人付钱，这一次是我，下一次就是你，也不会有人吃亏。

而在西方，由于经济发达，海洋和商业文明使得人群的流动性更强，你今天和他一起吃饭，有可能明天你就不在这个地方了；你今天请人吃饭，说不定以后就再也碰不到这个人了，所以为了不吃亏，各付各的就是最好的办法。

所以说“流动性”影响了请客的收益与成本，流动性越强，那么请客有去无回的风险性就越大，得到回报和收益的概率就越小，所以西方的人们不愿意请客，而是AA制。但是在中国，国情与文化观念等决定了这一制度在中国很“受伤”，很难流行。

美国老太和中国老太的区别

有一个流传非常广的故事：一个美国老太太和中国老太太死了之后，在天堂相遇了。美国老太太说，年轻的时候贷款买房子，住了一辈子，也奋斗了一辈子，终于在临死前还清了住房贷款。中国老太太说，年轻的时候只忙着挣钱，奋斗了一辈子，临死前终于攒够钱买了一套房子，还没享受几天就死了。

这个故事的起源我无从得知，但是流传开来以后，引起了无数国人的反思。一时间，美国人先买房后还款的超前消费成了人人效仿的时尚。

美国人提倡的是一种超前消费的观念。美国人生性乐观，他们觉得钱挣来以后就是为了消费的，旧的不去，新的不来。他们奉行及时行乐，所以一旦有了多余的钱，不会选择储蓄起来以备不时之需，而会去实现自己的需求，提高生活的水准。

在美国，先消费后还款是一种非常普遍的现象，无论是房子还是汽车，信用卡还是电话账单，贷款无处不在。在美国人的观念中，把买房看作是一种投资，随着房价的上升，房租可以给他们带来收益，因此他们会毫不犹豫地选择贷款买房来提高自己的生活水平。

而支撑美国人可以自由搬家的基础就在于美国有着稳定的租房市场，质量好，价格低廉。而且美国有专门的法律保护租客们的利益，不像中国的市场那么混乱，中介胡乱涨价，强买强卖。

笔者有一个美国朋友，在我认识他近十年的时间里，他一共搬了五次家。他的每一个“家”都不是属于自己的，而是租的。他很热爱家庭，家人在哪里，家就搬到哪里。有一次因为他的妻子新换了一个工作，工作地点在洛杉矶，于是他们就举家迁移到了洛杉矶。还有一次，因为他的儿子考上了华盛顿大学，他又再次把家搬到了西雅图。

在他的观念里，工作随时可以重新找，房子也随时可以重新换。但是在中国人眼里，这是非常不可思议的一件事。美国人的一生平均要搬十几次家，工作的更换、低廉的生活成本、清新的空气、美味的餐馆，都可以成为他们搬家的理由。中国人讲究安土重迁，一旦安定下来就很少再有变动。但是在美国，这样的经历是再正常不过了。

中国人一向以“高储蓄、低消费”的消费方式闻名于世，政府为此做出了多项措施：提高利息和税收，降低居民存款的利率，但都无法有效地降低居民储蓄、带动市场消费。因为中国人受传统观念的影响非常大，“无债一身轻”在脑海中根深蒂固，收入再少的家庭也要存点钱在身边，而有钱人更是想尽办法存更多的钱。

在多数传统中国人看来，如果自己的能力不足以购买新房，他们会选择依旧窝在自己又小又破的旧房子里。等到自己有足够的资金时，再去购买新房，而不是选择去银行贷款。

老人更是如此。因为历史原因，中国的老年人都是从物质紧缺的年代过来的，所以他们觉得只有有一定的积蓄，过日子才会有安全感，所以他们不会盲目消费。

再说说笔者的另外一个女性朋友。她的丈夫是美国老太太那种贷款买房思想的坚决拥护者，但是朋友却从小到大都接受着中国老太太似的教育，一直不认同借钱享受的观点，她说这种所谓的“超前”享受会让她感到惴惴不安。谁都不能保证生活总是顺风顺水的，万一家里突然发生意外情况，急需用钱该怎么办？

结婚之后，她发现周围亲朋好友纷纷借钱买房，做起了房奴，有了自己的家，朋友的老公便开始撺掇着朋友也贷款买房，因为凭着他二人微薄的工资攒钱买房是一件遥遥无期的事。

看着别人有滋有味的小日子，朋友渐渐也有些心动，便答应了。

买了一套总价60万的房子，3成首付18万，花光了两人工作以后节衣缩食省了5年的钱，还贷了42万的款，20年付清。不仅如此，还要还整整18万的利息，接下来还要办理各种手续和纳税。

这时，我们就会注意到：中、美两国的税收制度是不一样的。在中国，买卖房子的税金很重。而美国支持消费，虽然买完房子后要交房屋资产税，但是买房子的时候不用纳税。若是贷款买房，利息还能拿来抵消个人所得税。如果你有两套房产，想要卖掉其中一套时还会省掉卖房子的税收。这林林总总加起来，差距不是一两点。

朋友终于住进了新房，以为能享受到美国老太的待遇时，却发现除去每月的房贷，再加上物业费、水费、电费、煤气费等固定支出，一个月下来工资已经所剩无几，日子每天过得紧巴巴的，连要孩子的事都被往后拖延了。

中国人在住房的观念上与外国人存在着很大的差异，不仅仅是在买房与租房上，还体现在居住面积上。在一些发达国家，居民并不追求住房的宽敞度，而更加注重舒适度和实用度，比如韩国，小型住宅达到40%，日本人家的住房面积也大多都是六七十平方米的。但是在中国，一百平方米的住房都算是小的，动不动就是一百二三十的，自建房更是达到两百平方米甚至更多。

除了买房消费观念不同之外，中、美两国人的其他消费观念也迥然不同。据调查，近一半美国人银行卡里的存款为零，他们都是赚十块花二十，而中国人赚十块得存八块。

美国人注重精神消费，比如出门旅个游，花钱报个兴趣班，看心情换个装修，听听音乐等。而中国人更注重的是物质消费，一有钱首先就会想家里面哪件物件需要更换，带着家人出门吃一顿大餐，是不是需要添补一些衣物等。

其次，财务状况在美国属于很重要的个人隐私，即使是夫妻，两个人的收入与花销也不一定要告知对方，所以美国人盛行AA制消费。当然，夫妻两人也会到银行开设一个联名账户，每人每月往里存工资的一部分，家庭的共同支出从联名账户里扣除。这一点，也许是华裔美国移民最难以理解的了。而中国的夫妻讲究财产共用，双方的钱合在一起花。

还有，美国人购物消费看的是质量，而中国人看的是品牌。美国人选择某样商品大多是因为其舒适实用、功能齐全、质量过硬，也就是说，他们只选对的，不选贵的，物美价廉才是他们的标准。而中国人却是只买贵的，不管它到底是不是对的。

所以，总结下来，中、美消费观念的主要差异就在于美国人没钱也要借钱消费，而中国人攒了用不完的钱却不敢消费。中、美的这种选择差异是由经济环境、传统文化和政策差异相互作用的结果。

乞丐要1美元而不要10美元，并不是因为傻

有个小男孩，因为家里贫穷，于是他上街乞讨。不过令人奇怪的是，每当别人给他1美元和10美元的时候，小男孩都会拿1美元，而不是要10美元。

于是，大家都觉得这个只要1美元不要10美元的小男孩有点傻。为了逗这个傻小子，人们纷纷拿出1美元和10美元让他选择，小男孩自始至终只拿1美元。

后来，终于有人忍不住，问他："你为什么只要人家1美元，而不要人家10美元呢？如果你要10美元的话，不就能赚更多的钱了吗？"

小男孩说："如果我拿了人家10美元的话，就再也不会有人故意拿钱来给我选择了，那样的话我连1美元都拿不到了。"

所以小男孩并不是一个放着大钱不要，净捡小钱拿的傻瓜，相反是一个绝顶聪明的人。他非常巧妙地把握住了人们的好奇心，用看似不

合理的行为故意吸引了非常多的顾客，把乞丐做出了“个性”，做出了“品牌”。

他为了能够拥有一个长期源源不断的1美元利益，而放弃了偶尔的短期的10美元收益，这正是利用了经济学中的重复博弈理论。

重复博弈是一种特殊博弈，顾名思义，它是一种以相同结构的博弈重复多次甚至无限次的博弈。重复博弈的一个特点就是：每次博弈的条件、规则和内容都是相同的，而且在每个阶段的博弈中，参与人同时行动。因为其他参与人过去行动的历史是可以知道的，因此在重复博弈中，每个参与人都可以根据其他参与人过去的行为来制定相关的策略。

与一次性博弈不同，因为这种博弈是重复多次的，参与者的利益都是摇摆不定的，有可能这一次赢了，下一次就会输，因此参与者为了更长远的利益可能会牺牲眼前的利益，从而选择不同的策略。简单来说，在重复博弈中，如果某一次博弈当前看是吃亏的，但是从长远利益来看却能影响大局，获得更多的利益，那么这个亏吃得就很值得。

一天早晨，父亲把两碗面条放在儿子面前，问儿子：“你吃哪一碗？”儿子看了看两碗面，一碗里边打了一个鸡蛋，一碗没有鸡蛋。于是指着面上有鸡蛋的那碗说：“我吃这碗。”

父亲闻言，教育道：“孔融七岁让梨，黄香九岁就能替父亲温席，你今年都十岁了，还不能给父亲让一碗面吗？”

“我又不是他们，再说了，咱家也不缺这点鸡蛋呀，你想吃就再去打一个呗。”儿子边说还边把鸡蛋咬了一口，生怕被父亲抢走。

“确定不让？别后悔哦？”

“不后悔。”

父亲不再说话，等到儿子把鸡蛋吃完后，父亲也开始吃面，没想到吃着吃着就在面条下面吃出了两个鸡蛋。儿子愣住了。父亲指着碗里的荷包蛋告诫儿子说："记住，越是想占便宜的人，越是占不到便宜。"

第二天，父亲又做了两碗面。一样是一碗里有鸡蛋，一碗没有鸡蛋。面刚端上桌，儿子就说："我要做好孩子，我吃没有鸡蛋的那碗。"

"确定吗？"

儿子坚定地说："确定。"

可是直到儿子吃完了面，也没有看到鸡蛋的影子，反倒是父亲的碗里，不仅上边有一个鸡蛋，面下边还藏着一个鸡蛋。儿子傻了眼。

父亲又指着两碗面语重心长地教育儿子说："你看，你还是没记住，想占别人便宜的人，往往都要吃亏。"

第三天，父亲还是做了两碗面，仍旧是一碗蛋在上边，一碗上边无蛋。

父亲问儿子："吃哪碗？"

儿子蔫蔫地说："我不选了，你是大人你先吃。"

于是父亲就端过那碗有鸡蛋的面吃了起来。儿子没精打采地扒着碗里的面，却在碗里发现了一个藏着的鸡蛋。

父亲意味深长地说："不想占别人便宜的人，生活也不会让他吃亏。"

你看，这就是博弈中最重要的一点：为了长期的更大的利益，不能计较眼前的得失，要记住暂时的吃亏是为了以后的谋利。

生活中总能看到这样的人，他们做事的时候生怕自己吃了亏，想尽办法让自己得益，费尽心思让别人吃亏。这样的人以为自己得了利，其实是吃了大亏。慢慢地就不再有人愿意和他合作，这才是吃了大亏。

《笑林广记》中记载了一个小故事：

有一个人去理发铺剃头。给他剃头的剃头匠不专心，一直心不在焉地给他剃完了头。让剃头匠没想到的是，如此草率地剃完头后，那个客人居然不仅没有抱怨他，反而多给了钱。

过了一个月左右，这个人又到剃头铺来理发。剃头匠一眼就认出他是那个多给钱的客人，他觉得这个人出手大方，一定是个有钱人。为了能够讨他的欢心，多赚点钱，这次剃头匠便非常细心周到地为他服务。

头发剃完之后，这个客人起身付钱。但是剃头匠预想中多给小费的场景并没有出现：这个人不仅没有多给钱，反而少了很多。

于是剃头匠不高兴了，他问道："上次你来理发，我一点也没用心，随随便便就给你剃完了，但是你却多给了一倍的钱。这一次，我格外细心地给你理了发，你怎么反倒少给了呢？"

这人不慌不忙地说道："今天的理发钱，我上次已经给你了。今天给你的钱，是上次你给我理发的费用。"

所以，重复博弈关系到信誉的问题。为了实现共同的长期利益，有时一方会做出一种合作的姿态。而又因为在重复博弈中，自己有可能会遭受到"一报还一报"的报应，所以合作双方就会尽量减少欺骗，以诚相待。

第八章
Chapter 8

信息的效应：知道得越多，成功概率越大？

“东床快婿”王羲之

东晋时期，太傅郗鉴有一个女儿，名字叫作郗璿，生得亭亭玉立，如花似玉，被郗鉴视如掌上明珠，非常喜爱。女儿到了该嫁人的年纪了，郗鉴决定亲自为她选择一个好夫婿。

郗鉴和丞相王导交情颇深，知道他们家里子弟甚多，而且个个都是才貌双全，于是就希望能在王丞相家的子弟中挑选女婿。

有一天，郗鉴把自己想在王府择婿的想法告诉了王导。王丞相说：“当然可以啊，这真是太好了，我家里子弟众多，你挑选吧。只要是你相中的，不管是谁，我都同意。”

于是郗鉴就派管家带上礼物，来到了王丞相家。

郗太尉派人来挑选女婿的消息传到了王府子弟的耳朵里，每个人都盼望着自己能被选中，所以个个铆足了劲，拿出自己最好的一面，精气十足地相继出来。

郗府管家转了一大圈，看来看去，感觉王府里的子弟个个都很好，都是青年才俊，不分伯仲。最后，郗府管家来到别院的一间书房里，只见东窗边的床上躺着一个袒胸露腹的青年人——王羲之。

原来王羲之在来相府的路上看到了东汉著名书法家蔡邕的古碑，沉迷不已，早就把太傅择婿的事给忘光了。等到他赶到相府时，由于天气炎热加上赶路太急，又热又累，就随手脱掉了外衣，袒胸露腹地躺倒在床上，边喝着茶边想着蔡邕的书法，压根没注意到别人。

管家回到府中后，对郗鉴说："王府里二十余个年轻公子，个个都是好样貌，只有一位公子躺在东床之上，衣衫不整，毫不在意。"

郗鉴闻言，大笑道："哈哈，此人正合我意，我要选的就是他了！"于是郗鉴亲自来到王府，面见王羲之，看见他豁达文雅，温润如玉，才貌双全，当场就下了聘礼，择为快婿。

这就是"东床快婿"的由来。

那么为什么在一众青年才俊中，并不出色甚至有点邋遢的王羲之会成为那个被选中的人了呢？原因就在于王羲之与郗鉴之间的信息对称。很多人在生活和工作中都会隐瞒自己的真实信息，而只给别人看到他想给人看的信息，以他营造出的假象示人，王府剩下的那些个公子哥便是如此。但是王羲之敢于将自己的真实一面展示给别人，而郗太傅也能慧眼识人，从而达到了两人之间的信息对称。

在经济学中，信息对称就是指相关信息为所有参与交易各方共同分享。在市场条件下，要实现公平交易，交易双方掌握的信息必须对称，换句话说，倘若一方掌握的信息多，另一方掌握的信息少，二者不"对称"，这交易就做不成；或者即使做成了，也很可能是不公平交易。

信息不对称产生的影响很大，一小部分人垄断了事物的信息，而大部分人缺乏对事物信息的了解，那么就会影响到市场资源的配置，造成了解信息的一方在交易中获取太多的利益，不了解信息的一方则会损失利益，从而导致因信息力量对比过于悬殊，利益分配结构严重失衡的情况。

举例来说，现代社会，很多稍微殷实一点的家庭里生孩子，都习惯请个月嫂。

月嫂是一种高级家政人员，是母婴护理师的俗称，主要服务内容是专业护理产妇与新生儿。通常情况下，月嫂工作集保姆、护士、营养师、厨师、保育员、保洁员的工作性质于一身。

有一个小伙子，他的妻子快要生了，而他由于工作繁忙，父母又不在身边，急需找一个月嫂帮忙，于是他找到了一个提供月嫂的中介机构网站。网站客服非常热情，在询问了一系列要求之后，很快给小伙子匹配到了一位中年女子，安排她开始为他服务。

由于时间紧迫，小伙子便匆忙交了钱，与中介机构签了合同。谁知道，接触后才发现这位月嫂对于怎样照顾孩子和产妇的常识都不懂，连给婴儿洗澡、喂奶等基本事情都做不好，更不知道应该给产妇准备怎样的膳食来补充营养。

小伙子一问才知道，这个所谓的“月嫂”可当真是“月”嫂了，她是前不久才刚刚到这家机构去应聘的，连培训都没有就直接被分配了工作。

这就是因为信息不对称而达成的不公平交易。试想，如果当时这个小伙子留意咨询一些比较专业的问题，对这位月嫂以及这家机构多做一些了解的话，就不会产生现在这种尴尬的局面了。

再来看一个故事：从前，一个古董商去看望朋友，路过一个养猫的人家门口时，发现给猫用的碗是一件非常珍贵的古董。古董商心想这人真是有眼不识金镶玉，于是灵机一动，假装非常喜爱这只猫，想要通过买下这只猫来买那只碗。但是猫主人不卖。为此古董商把价钱一抬再抬，出了个很高的价钱才成交。猫买到手之后，古董商装作不在意地说：“我看这个碗它已经用惯了，我临时也没有准备它的碗，不如一块送给我吧。”猫主人听了，笑着说：“这个碗不送，你知道我用这个碗已经卖出多少只猫了吗？”

这就是明显的信息不对称，古董商以为猫主人不知道碗的珍贵，想要趁机大赚一笔，却没想到，猫主人不仅知道，而且反过来利用“别人以为他不知道”的错误想法狠狠赚了别人一笔。

类似这样不公平交易的例子，还有许多。俗话常说，“买的没有卖的精”，这就是一种信息的不对称。比如，交完了首付拿到房子之后才发现建筑质量太差，刚一打眼墙皮就呼呼直往下落；吃完饭付款的时候才知道一杯开水居然要十几块钱；在网上买了一件好评多多的衣服，拿到手之后发现简直就是一块抹布，这才知道那些好评都是刷出来的……正所谓“信息不对称，交易必吃亏”。

但是当类似的亏吃多了，信息劣势的一方就会变得聪明和谨慎起来，消费者们就会变得畏畏缩缩，能不消费就不消费，这就又导致了另一个不良后果：交易难做成。

同时，当生活中出现信息不对称问题的时候，人们总是能够想出解决办法，用以提高信息的质量，减少因信息不对称所造成的损失。举个例子来说，当你装修房子却对装潢不甚了解时，你自然就会想到找懂行的朋友咨询，哪种地板既好用又实惠，哪种漆不伤身体，家里的格局适合怎么装修，哪个牌子的家具最耐用、工人的工钱大约多少等，而不会盲目地直接就做，即便你去找专业的装修公司，事先肯定也会做很多的准备工作。

为什么要这样做呢？就是因为想得到实用的信息，方便我们在购买产品或者服务的时候做出理性而正确的选择，通过不断搜寻信息，以希求获得最全面的信息，给自己的决策提供有价值的参考。

拥有的信息越多，做出决策的正确率就越大。而信息越透明，越有助于降低人们的交易成本，提高社会效率。

中国老太太去买菜

一个中国老太太到菜市场去买菜。

老太太在摊前停下，指着半青不红的西红柿，问老板："今天的西红柿怎么样？好不好呀？"老板回答："我的西红柿特别好，熟透了，又大又有味儿。"老太太又问："怎么卖呀？""老价钱，两块钱一斤。"老太太闻言，点了点头，但是并没有买。

老太太继续走，很快遇到了第二家蔬菜摊。老太太问道："你这西红柿怎么样呀？"老板正在上货，头也没回道："今天早上刚到的，红通通的特别新鲜。"老太太拿起一个看了看，有青有红的，于是又问："多少钱一斤？""两块二。"老太太听了没说什么，放下西红柿就走了。

到了第三个摊子前，摊主主动招呼道："老太太买菜呀，全是早晨刚到的，随便看看。"老太太仍旧问的是西红柿。摊主说："你看这个头，又大又红，我今早吃了一个，水分特别多，一点也不酸。”老太太又问价钱，摊主道：“都是老熟人了，两块钱一斤。”老太太很满意的样子，又看了看别的蔬菜，但还是一样都没有买，笑了笑又向前走了。

第四个蔬菜摊的老板，一见到老太太就主动打招呼：“老太太又来买菜啦，今儿周末，您那大孙子要来看你了吧，得给你大孙子做点好吃的。”老太太笑了笑，指着西红柿：“西红柿怎么样？我上次买的都不太新鲜了。”“哎哟，放心，这都是自家种的，我今天早晨刚摘的，纯天然的。”老太太翻了翻，个个都是又红又硬的，表面还沾着露水，一看就是刚摘不久的。“怎么卖的呀？”摊主笑道：“您都是老顾客了，别人买我都是两块二一斤，您要是买呀，就两块一斤吧。”老太太笑得很开心，但还是没说买，只说再去别家看看。

老太太转到第五家、第六家，转完了整个菜市场手里还是空空如也。只见她又转回到第四家，买了几斤西红柿，然后又去别的摊子买了两斤芹菜，转而在旁边摊子上割了两斤肉，出菜市场的时候，又顺便在门口买了两根茄子。完全不像刚开始那样非常有目标性。

每个人都有自己做事的方式，甚至连买菜的方式也都有所不同。中国老太太买菜的时候，总是先把菜市场逛个遍，观察各个摊位的质量和价格，心里规划好哪样最划算，最后择优购买，有时候遇不到合适的甚至还会跑到另一个菜市场去买。而上班族就相对简单得多，往往都是就近购买，很少在买菜上浪费时间去进行挑选。

在经济学家眼中，这两种行为都是合理的。因为老太太已经不需要再工作，她的时间都是空闲的，所以她花费大量的时间在买菜这件小事上，但凡能够挑选到物美价廉一点的蔬菜都是赚到的，因为她的搜寻成本为零。而如果是上班族的话，就不一样了。假设一个上班族一个小时的薪酬为15元，也就是说，他每花费一个小时的时间在买菜上，就会付出15元的成本，而每多用一小时的时间来买菜，他就会多出十五元的边际搜寻成本。所以，上班族一般都会就近买菜，省时省力。

这里提到了一个概念：搜寻成本。通常来说，我们把为找到某物品市场最低价而支付的各种费用、时间、精力及各种风险的总和叫作搜寻成本。在市场中，每个人都要为自己的消费进行信息搜寻，衣食住行包括行医看病都要事先了解一下哪里实惠、哪里有保障。企业的经营和投资也同样要搜寻信息，产品的行情如何，对消费者的经济能力要求高低等。

信息是人们做出决策的基础。正常情况下，人是不可能得到完全的信息的，都是以有限信息为基础做出有限理性的决策，而信息不充分往往是导致决策失误的最主要原因。传统经济学都是在假设信息充分，并且无代价的条件下进行研究的，但是现代经济学打破了这一假设，重点研究那些信息不对称情况下人们的经济活动，由此诞生了信息经济学。

信息经济学起源于20世纪40年代的芝加哥大学，最初主要是研究生产者和消费者如何搜寻、获取那些使交易顺利完成的必要信息。经过20多年的发展，到了70年代基本发展成熟。创建初期，信息经济学研究的重点不一，有的学者侧重于基础理论的研究，有的学者则侧重于市场应用的研究，而正是因为这两种研究的互补互助才奠定了信息经济学的理论基础。

信息经济学认为，价格是在搜寻中获得的，是以付出成本为代价的。而为了获取信息所付出时间和金钱就是信息的成本。信息也会带来收益，更充分的信息有助于做出更正确的决策，这种决策会使经济活动的收益更大，这就是搜寻收益。老太太逛菜摊就是一种寻找信息的活动，所用的金钱和时间就是搜寻成本，买到更好、更便宜的菜就是搜寻收益。

信息经济学的研究从一开始就存在两条齐头并进的方向：

一个是宏观信息经济学，创始人是普林斯顿大学的弗里兹·马克卢普和斯坦福大学的马克·尤里·波拉特。宏观信息经济学又被称为情报经济学、信息工业经济学，它主要研究的是信息这一特殊商品的价值生产、流通和利用以及经济效益等。它是在信息技术不断发展的基础上发展建立起来的，是经济学的重要分支。

另一个是微观信息经济学，最早的研究者是美国的斯蒂格勒和阿罗。微观信息经济学又被称为理论信息经济学，是从微观角度入手研究信息的成本和价格，如何运用信息来提高市场经济效率的一种机制。在信息不对称的情况下，当事人之间应该如何制定契约是它的主要研究方向。

信息经济学不仅仅对市场买卖有重大的作用，对经济学的其他领域传统研究方法也具有启发性，甚至对于生活、职场包括婚姻都有着举重若轻的作用。

以婚姻为例，我们把婚姻看作是一笔交易，把求婚的一方看作卖家，接受的一方看作买家，那么我们就能发现这场交易中存在着明显的信息不对称。虽然双方都有一定的公开信息，比如容貌、职业、学历等，但是也有很大一部分隐藏的私人信息，比如个性、品质等。

求婚者想要交易成交，就会隐藏缺点，扩大自己的优点，甚至伪造优点。那接收者就必须对这些表现出的信息进行过滤，从中筛选出真实有用的信息。而作为中间人的媒婆，她起的作用就非常重要了，因为她要担负起为二人传递信息的作用，而不管是为了自身利益，还是在成人之美的良好品德下，她们往往都会送上能够促成婚姻的好的信息，所以交易双方是不可能得到对方的完全信息的。

这就是现在很多夫妻闪婚又闪离的原因。所以，要想得到一个完美的婚姻，信息是非常重要的。

我们无法得知，老太太和上班族们是否懂得经济学，是否去计算过到菜市场寻找信息需要付出的边际成本或者能够得到的收益，但是他们却都不自觉地按照经济学的原理办事，这说明人天生是理性的，会自觉地按经济学原理做出决策。

所罗门王的信息甄别

《圣经·列王纪上》有一个讲述所罗门王如何辨别孩子的亲生母亲的故事：

有两位母亲争夺一个孩子，双方都坚称自己才是孩子的亲生母亲，但是又都拿不出证据。二人一直僵持不下，闹到了所罗门王那里。

一个女人说："王，我和这个女人住在同一个房间里，房间里除了我们两个再也没有别的人。几天前，我诞下一个孩子，这个女人也生下了一个孩子。不知道是因为什么，她的孩子不幸夭折了。谁知那天半夜，趁我睡着的时候，她居然偷偷把我的孩子抱走了，然后把她已经死去的孩子放在我的身边。第二天早上，我醒来后，要给孩子喂奶，这才发现怀里的孩子已经死了，仔细一看，才发现孩子并不是我的。"

另一个女人赶紧争辩道："她说谎，死的孩子是她的，活着的这个才是我的。"

两人又开始吵得不可开交，面红耳赤。主持调解的所罗门王被吵得头疼不已，斥责她们闭嘴，吩咐侍卫把刀拿来，告诉她们，如果再吵下去，就把孩子劈成两半，两人一人一半。

其中一位母亲的反应是："如果我得不到孩子，那她也别想得到，斩就斩吧。"另一位母亲则哀求道："王啊，求你千万不要杀了孩子，我愿意把孩子让给她。"所罗门王此时已经知道心疼孩子的是孩子真正的母亲，就把这个孩子判给了她。

所罗门王并没有真想把孩子劈为两半，只是为了甄别谁才是孩子真正的母亲，才发出了一个"将孩子劈为两半"的信息。直到现在，这个断案的例子还在为博弈论专家们讨论和挖掘。所罗门王判案是一个典型的信息甄别案例。信息的提取和甄别，是博弈论中的一个大问题。

在进一步参详了阿克洛夫、斯宾塞的研究成果后，罗思切尔德和斯蒂格利茨提出了信息甄别理论，他们认为：在一定契约的安排下，缺乏信息的一方可以将另一方的真实信息辨别出来，从而实现有效率的市场均衡。

信息甄别是市场交易中没有私人信息的一方为了减弱非对称信息对自己的不利影响，能够区别不同类型的交易对象，而提出的一种交易方法。在市场经济中，面对琳琅满目的商品和纷繁的信息，消费者如何甄别是一项非常复杂的工作。

举个简单的例子，为什么飞机上会有头等舱、商务舱、经济舱之分呢？其实这也是对顾客的信息进行甄别后做出的选择。无论是买飞机票、火车票还是轮船票，经济能力不同的人愿意支付的价格实际上也是不一样的。即使再有钱的人也会想以低廉的价格享受到同样的服务，只是收入高、有钱的人看得淡一些，不太在意；相反，钱不多、收入低的人就对钱看得比较重一些。但是，无论他有钱还是没钱，问他愿意支付什么样的价格，他们都必定说愿支付较低的价格。

那么，航空公司和铁路、轮船等公司为了留住所有的乘客，就设计了一种信息甄别机制，设立了头等舱、二等舱、三等舱，价格依次递减，就将这些具有不同支付意愿的人区分开来，让能支付较高价格的人支付较高价格，不能支付高价格的人支付低的价格。当然，服务也就随之降低。

在保险市场上，投保人的风险程度有高有低，每天坐办公室的职员和那些每天在外奔波的司机或者工地的工人们所从事的工作的风险级别是天差地别的。如果保险公司的保费都是一样的，那么收益低的客户肯定很少会去投保，只有那些收益高于保费的、高风险的投保人才会买保险。为此，保险公司制定出保费不同、项目不同、赔款也不同的各类合同组合，提供给不同层次的投保人进行自我选择，从而区分了投保对象，实现交易并获得最优收益。

同样，很多网络通信公司都会针对特殊群体推出不同的套餐业务，比如学生这一群体，移动公司推出了“校园卡”业务。但是，要想使这一业务顺利进行，就需要对办理业务的人进行身份信息的甄别，否则就会让某些想要浑水摸鱼的人趁机牟利。

再好比宾馆，同样的设施，同样的地理位置，一个城市里的宾馆就存在着五星级、四星级、三星级、快捷酒店等区别，等级越高，价格越高，这种安排使得消费信息一目了然，方便了不同消费能力的消费者根据自身情况进行选择。

综合以上内容，进一步来说，信息甄别是用来解决“逆向选择”问题的。“逆向选择”是一个经济学中的概念，它指的是这样一种情况：在市场交易中，如果其中一方得知的信息多于另一方了解的信息，并利用这点使自己受益，让对方的利益受损，那么处于信息劣势的一方便很难顺利地做出交易的决定，从而导致价格变得扭曲，并失去供求平衡，进而导致市场效率降低。“逆向选择”是一种由于交易双方的信息不对称，而造成的市场资源配置扭曲、市场交易产品平均质量下降的现象。

信息甄别一般主要包括三个环节：

首先，对所面临的问题进行估测，判断问题是否属于逆向选择以及是否处于信息劣势的一方；

其次，要对交易有基本的认识，了解交易对象的性质，并且对自身的需要有着清醒的估算；

最后，制定出一个能使自身的优势或者利益达到最大化的合同或规则，提供给信息优势方进行选择，从而成功分离交易对象并实现交易。

所罗门王的故事就为我们提供了一种获取和甄别信息的思路：当我们无法直接判断对方的信息是真还是假的时候，不必费心思去猜，可以转变一种思维，设计一套能够检验真假的方法，让对方进行选择，使那些虚假的信息自动暴露出来。

《皇帝的新装》新解

很久以前，有一个皇帝特别喜欢穿漂亮衣服，他每天最主要的工作就是穿新衣服。

有一天，他的国家来了两个骗子。骗子找到皇帝，自称是世间最好的织工，能织出人间最美丽的衣服，这种衣服有一个特别之处，那就是任何不称职的或者愚蠢得无可救药的人都看不见。

皇帝心里想：这件衣服简直太棒了，我有了这样的衣服，就能测试出哪些官员是不称职的，可以辨别出哪些人是聪明人，哪些是傻子。于是他付了许多钱给这两个骗子，让他们马上开始工作。

骗子把这些钱都装进自己的腰包，摆出两架织布机，装作是在工作的样子，可是他们的织布机上连个影子也没有。

皇帝很想看看衣服的进展，但是他想到凡是愚蠢或不称职的人便看不见这布，心里就没有底气，于是他派了一位既聪明又诚实的老臣去看看进度。

这位善良的老臣来到那两个骗子的屋里，看见他们正在织布机上忙碌地工作。老臣把眼睛睁得特别大，却什么都没有看见，他想：难道我是愚蠢的吗？难道我是不称职的吗？这一点绝不能让任何人知道。

于是老臣赞叹说："哦，真是太美了！多么美的花纹！多么美的色彩！我一定会呈报皇上，我对这布料非常满意。"

两个骗子听了非常高兴，于是他们就用一些极其美丽的词语又描述了一番。老臣非常仔细地听着，然后按照这番说辞回复皇帝。

听了官员的汇报，皇帝终于忍不住了，决定亲自去看一看。

为了不让皇帝知道自己看不到，觉得自己不称职，于是那位诚实的官员连忙指着空着的织布机说："陛下请看，这布简直华丽无比，多美呀！"

皇帝愣住了，他想：这简直是在开玩笑，我居然什么也看不见！这太可怕了。难道我是一个愚蠢的人吗？难道我不够资格当皇帝吗？这可千万不能让别人知道，于是他说："是呀，真是美极了！"

他走上前去，仔细地看着织布机，并且用手在织布机上抚摩，好似真的有布在上面一样。陪同的官员们也什么都没有看见，但是他们都装出一副真看见了的样子，赞叹布料的美丽，并且向皇帝建议，穿着这特殊的布料制成的新衣服去参加快要举行的游行大典。

皇帝欣然应允，又重重赏赐了那两个骗子。

几天以后，游行大典开始了。两个骗子提前装模作样地从织布机上取下布料，假装缝好了衣服，说："这些衣服用的是上好的丝线，轻柔得像蜘蛛网一样，穿在身上就觉得好像什么都没穿一样，这正是这件衣服最大的优点。”

皇上换上这件“新衣服”，在镜子面前转了转身子，扭了扭腰，他要让大家觉得他真的在认真观赏这件美丽的新装。

那些托后裙的内臣都在地上东摸西摸，好像他们正在拾起衣裙似的。

所有的人都在称赞：“皇上的新装真是漂亮，太合身了！”可是他们什么也没看到，但是谁也不愿意让人知道自己什么也看不见，因为这样就会显出自己不称职，或是太愚蠢。

突然人群中传来一个小孩子的声音：“可是他什么衣服也没穿呀！”大家一下子愣住了，开始议论纷纷。声音慢慢变大，最后所有百姓都说皇帝没有穿衣服。

相信大家对《皇帝的新装》这篇寓言故事都不陌生，它本意是批判趋炎附势、溜须拍马等人性的丑恶，但在我们今天看来，它也反映了一些经济学道理。现在我们就从公共信息方面探讨一下。

所谓公共信息，是指市场上所有的参与者都能够自由得到的信息。在竞争激烈的寡头垄断中，所有的市场参与者都非常迫切地想要了解相关的市场信息，同时他们假定其他竞争者的行为都是合理的，即假定所有市场参与者都具备公共的市场信息。这种共同的市场信息就是公共信息。

就像上面的故事中，“寡头垄断”指的就是独裁的皇帝，“市场参与者”指的则是所有官员和百姓们，他们不想变成别人眼中的愚蠢者，所以每个人都说自己能“看见”皇帝的衣服，并且都认为别人的说法是真的，于是他们就获得了一种“公共信息”，尽管这种信息是假的或者错误的。骗子正是利用了参与者的这一想法，成功欺骗了所有人。

著名会计学家、美国宾夕法尼亚大学沃顿商学院教授罗伯特·维里克查尔认为，在任何一个市场参加者都能利用的信息中，当具有信息A集合的市场产生效应时，那么信息A就会让所有市场参加者产生一种共同认识。简单来说，公共市场知识就是指这样一种假设：所有相关信息都能够被市场参加者获取。

以2008年的经济危机为例。2008年11月，经济学家詹姆斯·加尔布雷斯曾在一个媒体采访时说过："在全球众多经济学家中，只有不到12个人正确预测到了此次金融危机的来临，其中以奥地利经济学派的米塞斯为首。其实很多经济学家早就嗅到了危机的味道，最早预测到房地产泡沫危机的奥地利经济学派的专家当中有很多人都预测到了我们现在正在遭受的危机，他们认为这次危机的罪魁祸首就是美联储。"

为什么詹姆斯说美联储导致了这次金融危机呢？因为美联储阻碍了市场参与者，即那些投资者获得公共信息的权利。由于美联储没有把市场信息公布出来，市场参与者又没有别的方法能够得到公共信息，所以就失去了先机，损失了部分资源。而在危机发生之后，美联储仍旧没有把公共信息告诉给投资者们，继续闷头执行自己的政策。正是这种不负责任，导致了危机的发生。

公共信息是有积极作用的。首先在市场体制下，市场参与者的共同信息决定了市场的价格体系。如果市场参与者不具备共同知识，那么市场价格体系就失去了资源配置的调节和指导功能。

例如，某种同等质量商品，价格却有高有低，如果市场参与者没有共同的市场信息的话，价格体系就无法操作。所以可以说，市场的共同信息是市场参与者做出指导和协调的基础。

其次，随着公共信息的增加，市场运行效率会降低，市场将会随着公共信息的传播变得自给自足，从而极大地排斥风险交易的可能。同时，市场参与者搜集信息的动力也直接受到公共信息增加的影响。

算命先生为什么能够“未卜先知”

古时候，小镇上有一个远近闻名的算命先生，无论是占卜凶吉还是推演姻缘因果都特别灵验，被当地人奉为能与天地神灵沟通的神人。为了能够积累善缘，得到神灵的庇佑，当地的人都把他好吃好喝地供奉着，每次找他算卦时都会给他很高的费用。

后来，有三位进京赶考的书生路过这座小镇，听闻算命先生的卦非常灵验，于是就找他算卦。

三人见到算命先生后，虔诚地问道：“求先生帮忙算一下，我们三人此番进京赶考的命运如何？能否考中？”

一直在那儿闭目养神的算命先生明白他们的来意后，用余光扫了一下他们，然后念念有词，掐算了几下，只见他一言不发地伸出一根手指在空中晃了晃。

三位书生不明白先生是什么意思，便又问了一次：“先生，我们三个到底谁能考取？”语气颇为急切。

算命先生还是像刚才一样，竖着一根手指晃了一下，一个字都没说。书生们不停追问，但算命先生还是不说话。这时，旁边服侍先生的小童道：“先生已经给了答案，但是天机不可泄露，你们自行领会吧。”

无奈之下，三个书生只能带着疑惑离开了。

等到他们走后，小童问道：“师父，您的意思是他们有一个会高中吗？”先生仍旧不语。小童又问，“万一他们考完试，一个都没中，会不会回来找您算账呀？”

算命先生胸有成竹地说：“不管能否中举，也不管能中几个，我已经都说到了。我伸出一根手指，可以表示有一个人中举，也可以表示有一个人没中举；既可代表三个人一同中举，也可代表三个人都没中举。就看他们怎么想了。”

小童恍然大悟。

从上面故事中，我们可以得知算命先生并非能够“未卜先知”，不过是将有可能发生的四种结局全都考虑到了。

算命先生往往善于体察人们的心理，并懂得分析这些心理以达到算命的目的。他们说的话往往都是语意不明确的，因为语意不明确的问话往往容易让人们朝着自己认定的方向去推测和想象。

例如，你找人算卦的时候，算命先生有时会问：“你家的大门是否是朝南而建？”如果你回答“是的”，他就会将门朝南建的好处或者坏处以及对你和对你家庭的影响引经据典地讲解一番。如果你回答“不是”，那么他还会一本正经地说：“哦，不是这样建最好/就不太好了。”接着，他仍旧会把门朝南建的诸多优势和劣势大肆渲染一番。

而且当你在回答“是”的时候，你自然而然地就会在心里想：这个算命的果然灵验，连我家大门建造的方向都能算出来，太神了。在你回答“不是”，听着算命先生在那解释门朝向的好坏时，你又会联想起自己和家人这些年里的一些顺心或者不顺心的事，而后感叹“先生果然能掐会算”。

其实，这个算命先生在面对其他人时也是这些说辞，谁的家里没些高兴的事或者烦心的事呢？算命先生只不过是在引导你想起这些罢了。

还有很多时候，算命先生都喜欢用这种语气说话：“你和……很有缘啊！”其实，这样的话是最容易引起人们联想的。

当算命先生对你说出“你这个人和木是比较有缘的”这句话时，如果你的名字里正好带有个“木”字或者偏旁，那么你就会想：他是怎么知道我的名字和“木”有联系的呢？

如果你是学建筑的，学土木工程的，每天与木材打交道，你就会这样想：算命先生怎么知道我的工作和木有关呢？

如果你家附近有一些花草或者树木，你仍旧会感到惊讶：他连我住的地方有“木”都能算出来，太厉害了……

其实，谁的一辈子里没有跟树木“相遇”过呢？这个概率要比瞎猫碰上死耗子大得多，当算命先生这个“瞎猫”碰上了你这个“死耗子”，根本都不用说些什么，你自己就已经脑补了很多了。

算命先生所谓的“算术高超”“未卜先知”，不过都是因为他们善于设置“心理陷阱”，运用策略欺骗，能够从细节中发现信息，抓住算命人的心理，在询问以及对话中对算命的人进行不动声色的暗示，使其主动钻进自己设计好的陷阱之中。

这都是算命先生巧妙地运用了博弈论里面的“策略欺骗”。在经济学上，策略欺骗是指根据形势的发展，想方设法对自己掌握的信息加以利用，制定出特定的方式方法来欺骗消费者最终促成销售的经济行为。

明朝时候，一位老板开了一家字画铺，其人是一个落第的秀才，颇有些文采，交友广泛，所以生意十分兴隆。

有一天，一位客人带着一幅字画来到秀才的店里，说是由于突发急事，要押当这幅字画。秀才打开字画后，发现这是顾闳中的《夜宴图》。客人说时间紧急，希望老板快些决定。

仓促之中，秀才就答应了他，抵押了八千两银子给他，双方约定到期时以一万两的价格赎回，在铺期间，字画如若有失，按原价三倍赔偿。

日子一天天过去，在取当期限的最后几天，秀才一直在等着客人来取，但是客人始终没有出现。秀才便起了疑心，拿出典当的字画，仔细参详之下才发现这是一幅赝品，秀才大为光火。

冷静之后，秀才就开始想法子弥补损失。两天之后，他想出了对策。秀才在家中大摆宴席，以欣赏传世之画《夜宴图》的由头邀请全城的文人雅士前来赴会。

酒宴开席前，秀才讲道：“前不久，有人在我这里典当了一幅《夜宴图》，点的是活当，说好昨天来取，但是昨天却没来。所以按照规矩，这幅画便是在下的啦。我一向喜欢与人分享，于是借此机会，邀请各位一同前来鉴赏。”说罢，便让下人取来《夜宴图》，悬挂在大堂中央。

每个受邀人都激动万分，都想一睹这幅稀世珍宝。就在名流们交头接耳讨论的时候，一位书画大家扬声道：“我怎么瞧着这幅画像是赝品呢？”此言一出，几个老资格的前辈纷纷上前辨认，最终得出了赝品的结论。

秀才做出一副吃惊之色，哀痛不已，继而愤然扯下赝品投进了火炉之中，此举一时间传遍了全城。

第二天早上，客人却突然出现在字画铺中，连连道歉说是有急事耽误了取画的日子，让老板多多包涵。

秀才面不改色，打着算盘道：“无碍，也就两三天时间而已，既然你已来了，就归还与你吧，不过须加三分的利息。”

客人有恃无恐，你都把我的画烧毁了，还敢问我要利息，还是算算你得赔多少钱吧！于是大方地说道：“正该如此，钱我已经准备好了。”说着从包袱中拿出一沓银票。验过银票后，秀才施施然从内间取出了一幅画。客人急忙打开，却顿时瘫软在地。

原来，这一切都是秀才想的策略，那日烧毁的那幅画不过是赝品的赝品罢了。

秀才的策略欺骗应用得恰到好处，抓住对方要钱的行骗心理，将计就计，牵着对手的鼻子，反过来骗了骗子，不仅回了本，还大赚一笔。

瞎子具有的“绝对优势”

重庆多雾，素有“雾都”之称，一年平均下来，雾气弥漫的天气高达104天。

一天早上，重庆又下起了很大的雾，可见度仅有10米左右，10米开外就什么也看不见了。

一个年轻小伙子刚到重庆工作没几天，对路线不是很熟悉。早上出门后，他凭着感觉向公交车站走去，但是即便他再小心谨慎，依然找错了方向，迷了路。

正在他拿出手机查询地图的时候，迎面撞上来一个人。撞到他的人立即道歉：“不好意思，不好意思。”

年轻人客气道：“没关系。呃……请问，你知道最近的公交车站怎么走吗？”

“你不是本地人？你是迷路了吗？”路人听了，问道。

年轻人说：“是的，我刚来这边工作，今天还有个很重要的客户要谈，再不赶紧就要迟到了。”

路人又问了年轻人上班的地点，然后跟他说：“那你跟我来吧，我带你过去。”

年轻人听见路人愿意给他带路，特别高兴。雾已经越来越大了，可见距离越来越小，年轻人根本分不清方向，糊里糊涂地跟着路人走。他发现路人虽然认路很准，该拐弯的时候非常果断，但是走路的速度却很慢，好像一直在心里念叨什么似的。

在路人的带领下，年轻人来到了一个公交车站牌下。年轻人感谢道：“真是太感谢了，你的方向感真是太好了，这种天气都能准确地找到路。”

路人笑着说：“这没什么，不是我方向感好，而是我一直就生活在这种看不见的环境里，我是一个盲人。所以，雾再大，对我来说，也和平时没什么两样。”

盲人虽然有着先天的缺陷，看不见任何东西，但是其他的感觉器官，比如听觉、触觉等却比平常人敏锐许多，一直都活在看不见的世界里，所以再大的雾对他也没有任何影响，不会产生任何障碍，他走路靠的不是眼睛，而是感觉，是这么多年下来形成的条件反射。

这就是盲人相对于普通人的“绝对优势”。

绝对优势理论是一个“旨在阐明一个国家如何在国际贸易中获利的理论”。这种贸易通常是指出口其在成本上有绝对优势的产品，而进口其在成本上有绝对劣势的产品。

按照亚当·斯密的绝对优势原理，当两个国家生产同一种商品时，如果其中一个国家在一种商品上劳动生产率高，或者说成本比较低；而另一个国家在这种商品上的劳动生产率低，也可以说成本较高，那么就意味着第一个国家在该商品生产上具有绝对优势。那么另一个国家就应该放弃这种产品的生产，转而开发本国具有优势的产品，然后按照各自的绝对优势进行专业生产的分工，并相互贸易，使两国都能从贸易中得到利益。

比如说中国和日本，两个国家经济贸易已久。以两个国家的电子产品和服装产品生产为例：日本的电子产业发达，但服装业却不是很好；而中国的服装产业发达，却不擅长生产电子产品。这样就说明日本在电子产品的生产方面有绝对优势，而中国在服装产业有绝对优势。因此根据绝对优势理论，中国应该生产服装产品，并出口给日本；日本生产电子产品，并出口给中国。这样通过贸易，不仅能促使劳动生产率的提高，还能使两个国家都受益。

绝对优势理论，又叫作绝对成本说、地域分工说，是最早的主张自由贸易的理论，主要包含以下几点内容：

一、分工可以提高劳动生产率，增加国民财富。亚当·斯密认为，分工是由于人类的交换倾向而产生的，而交换是出于利己目的，利己心是人类的一种天然倾向。分工带来的好处就是社会劳动生产率的巨大进步。

以服装厂为例。根据亚当·斯密的观点，在服装厂里，分工前所有的工人都是整体操作，一人做一件衣服，厂子里一共200名工人，一天下来只能得到200件成衣。分工之后，采用流水线合作方式，每一名工人一天都能完成最低10件的零件，一天下来就可以制作出2000件成衣，效率整整高了10倍。由此可见，分工可以提高劳动生产率，增加收益。

二、分工的原则是成本的绝对优势或绝对利益。亚当·斯密进而分析，既然分工可以极大地提高劳动生产率，那么如果每个人都从事他最具优势的行业，或者拿出自己生产出的最具优势的产品来互相交换，那么每个人的利益都能达到最大化。

所以说分工的原则依据是成本或者说利益上的绝对优势。比如家里的板凳坏了，你的丈夫正好会木工，可以自己重新做一个板凳，那就一定要自己在家做吗？要知道，你的丈夫并不以此为生，家里也没有相应的材料和工具，如果想要自己制作的话，就需要购买木头和机器，所加起来的费用甚至比购买一个新板凳更昂贵，所以就应该去购买而不要自己生产。

所以裁缝不为自己做鞋子，鞋匠不为自己裁衣服，而是和对方进行互换。因为他们能认识到，把他们的全部精力集中用于比别人具有绝对优势的职业，再用自己的产品去交换其他具有优势的人生产的物品，会比自己生产所有的物品得到的利益更多。

三、国际分工是各种形式分工中的最高阶段。亚当·斯密由小及大，由个人推及国家，他认为在国际分工基础上开展国际贸易，对各国都会产生良好效果。

简言之，如果自己国内生产的产品，耗费的成本比别国的贵，那么最好是用本国具有优势的产品去和别国进行交换，产生贸易往来，而不要去生产。

举例来说，苏格兰的气候不适合种植葡萄，所以苏格兰没有葡萄，要想吃到可口的葡萄，或者想喝到美味的葡萄酒，只能依靠进口。但是如果在苏格兰利用温室，就可以种植出葡萄，并酿造出同国外一样好的葡萄酒，但付出的代价要比国外高30倍。如果真的有人这样去尝试，显然是一种很愚蠢的行为。

每一个国家、每一个地方的气候条件都不一样，都有其优势去生产某些适宜生产的产品，如果某个国家非要强行生产某种不宜生产的产品，不仅耗费资金和人力，还会找不到销路，人财两空。

只有每一个国家都按照其绝对有利的生产条件去进行专业化生产，然后彼此进行交换，才是对所有国家都有利的，世界的财富也会因此而增加。

四、国际分工的基础是先天的自然环境和后天形成的有利条件，这是绝对成本说的基本精神。

因为先天的自然环境或后天形成的有利条件，可以保证一个国家生产某种产品的成本绝对低于别的国家，从而使其在该产品的生产和交换上处于主导地位，即绝对有利地位。各国按照各自有利生产条件，分工合作，然后进行贸易交换，就能最大限度地利用各国的资源和劳动力，大大提高劳动生产率，从贸易中获益，增加各国的财富。

绝对成本说虽然解决了具有不同优势的国家之间的分工问题，也阐述了交换的合理性，但是，它其实是一种比较片面的理论，只能解决一些国际贸易中的特例。如果一个国家在各方面都处于绝对优势地位，而另一个国家在各方面都处于劣势时应该怎么办?

比如我们假设葡萄牙和英国两个国家都生产布和酒两种产品。每生产1单位的布，葡萄牙需要投入四个小时的劳动力，而英国则需要投入六个小时的劳动力，那么在布的生产上，我们知道葡萄牙具有绝对的优势。在酒的生产上，每生产1单位的酒，葡萄牙需要三个小时，而英国仍旧需要六个小时，那么在生产酒的方面，葡萄牙也具有绝对的优势。

也就是说，在两种产品的生产上，葡萄牙都具有绝对优势，而英国都处于劣势。那么，它们应该怎么办？这就要用到前面我们讲过的比较优势来解决了。

补鞋匠为什么能够免死

在以色列流传着一个很有趣的寓言故事：

从前，在一个叫作克尔姆的小城里，有一个补鞋匠。一天，这个补鞋匠把他的一个顾客给杀了。于是，他被告上了法庭。在罪证确凿之下，法官对他做出了绞刑的宣判。

但是在法官宣布判决之后，却遭到了全城人的反对。一个市民作为代表站起来大声说："敬爱的法官，要知道，被你宣判死刑的是补鞋匠，我们整个城里只有这唯一的补鞋匠，如果他被判绞刑死了，以后谁来为我们补鞋呢？"

克尔姆城的市民听了之后，异口同声地呼吁："不能杀，不能杀。"

法官思考了一会儿，赞同了市民们的意见，对补鞋匠重新做了判决。法官说："克尔姆的公民们，你们说得没错，因为我们只有这么一个补鞋匠，处死了他，鞋破了，就再也没法补了。所以我决定，从城里面那两个盖房顶的中间选一个人出来，代替他接受惩罚。”

市民们听了，全部都欢呼起来。

虽然这个故事非常离谱，不可能出现在现实生活中，但是我们可以从这个故事中引出一个非常重要的经济学概念：替代效应。

当一种商品的名义价格发生改变之后，将会对商品的需求量产生影响。商品的名义价格变化后，会导致消费者根据商品的价格，调整自己所需要的商品组合，即用其他的商品代替该商品，这就称为替代效应。

简单来说，替代效应就是指消费者在保持效用不变的条件下，对商品需求量的改变。比如，你去超市里买水果，本来你想要买的是橘子，但是你发现橙子的价格降低了，而橘子的价格没有变化。这样一对比，在降价的橙子面前，好像显得橘子变贵了，这个时候，你往往就会选择放弃购买橘子，而选择买低价的橙子来代替。

替代效应在生活中的应用非常普遍。在生活中我们往往做出这样明智的选择：白菜涨价了就吃萝卜，大米涨价了就多吃馒头，煤气涨价了就多烧炭。我们日常的生活用品大多是可以相互替代的。当我们发现某种经常使用的消费品价格上涨了以后，潜意识地就会去选择可以替代的、价格更为便宜的商品。比如有一次，我的一个平时一直用洗衣粉洗衣服的同事，居然破天荒地买了一瓶洗衣液回来。同事不是紧跟时尚潮流的人，洗衣液横空出世的好几年时间里，她依旧选择使用洗衣粉来清洗衣物。细问之下，才知道是因为她惯用的洗衣粉涨价了，而超市的洗衣液正在打折，价格远远低于洗衣粉。

很多人都会感叹，从什么时候起，洗浴用品已经涨到这么高的价钱了？一瓶两三百毫升的洗发水都要七八十元钱，连一管小小的牙膏都要十几二十几了。这大约源于2008年的宝洁旗下的洗浴用品的第二轮提价。那一次提价，宝洁旗下的如潘婷洗发水、玉兰油沐浴乳等纷纷涨价，涨幅创近几年新高，达到了10%以上。见状，联合利华不甘人后，力士洗发水和香皂、夏士莲香皂、中华牙膏等价格全部上涨。

结果，其他的大品牌洗化用品为了利益，竞相结伴涨价。但是，这一手段并没有给他们带来更大的利润，反而引起一些消费者的抱怨和抵触，给了部分没有涨价的一般的品牌攻占市场的机会。因为大品牌的提价，消费者选择了中端品牌为替代品。

调查显示，在这些国外大品牌宣布涨价后的一个月内，大品牌洗化用品销售并不理想，但如六神洗发水、沐浴露，以及雕牌、立白的洗衣粉及皂类等国产品牌的销路却从此被打开，逆势上扬。

类似的情况还有很多，不知道大家是否记得，十几年前的中国刮起过一阵“奶粉热”，在外国文化的入侵下，西餐和牛奶纷纷占据了国人的餐桌。而国内最火的奶粉品牌当数三鹿。当“三鹿奶粉”事件发生后，人们对国产奶粉的不信任感急剧增加，不愿意再喝国产奶粉，但是习惯已经产生，人们没有想着去戒掉它，而是寻找奶粉的替代品，于是本来受众不大的现磨豆浆开始火遍了中国大地。

不仅在生活中，其实在我们的工作中，替代效应也在发挥作用。职场上的人们经常会有这样的心理：为什么老板一直对我态度平平，工资一直不长，但是那些有技术、有才能的人，老板见了又是加薪又是笑脸相迎，在企业里是香饽饽？

因为像你这样普通的员工很容易就能从招聘市场上找到替代的人，

能取代你的人大有人在，你不愿意干，随时能有人代替你。但是这个世界上有技术、有才能的人并不是很多，一旦留不住这种人才，想要找一个能替代的人非常不容易。

所以，要想自己被老板重用，想提高工资，就得努力使自己变成不可替代的那一个，到时候，老板自然会对你和颜悦色，委以重任，待遇也自然会提上来。

而一般来说，价格越是高昂的、越是生活中用不到的就越是难以替代。比如，产品的技术含量越高价格就越高，因为高技术的产品只有高技术才能完成，替代性较低。而馒头谁都会做，所以价格较低。再比如古董这些艺术品的价格之所以如此高昂，就是因为艺术品是一种个性化极强的物品，而且只能用来观赏，在生活中没有实用，很难找到替代品。流传至今的如《清明上河图》、王羲之的《兰亭序》之类的名画之所以价值连城，就是因为它只有一幅。

说到替代效应，就不得不提到收入效应。一种商品的名义价格发生改变之后，还会产生另外一种影响，在消费者名义上的收入不变的条件下，因为商品的名义价格发生了改变，而导致消费者所购商品的总量就会随之发生变化，从而导致消费者实际收入的变化，这就称为收入效应。

假如你去超市买食物，发现馒头在打折，本来只够买两个馒头的钱现在可以买四个，你的收入在某种意义上增加了。于是你一口气买了十个，虽然超过了预算，但是你的效用也增加了。给你带来效用的增加的这部分商品的数量变化就叫作收入效应。

那么两者要如何区分呢？好比可口可乐降价了，从一方面看，对于雪碧和可口可乐不存在消费偏好的消费者来说，大部分人都会选择放弃购买雪碧，来得到更多的可口可乐。这就是替代效应。

从另一方面看，现在可口可乐便宜了，也就是说，消费者的购买力增加了，同样的数量花的钱变少了，实际收入也就相对增加了。而实际收入增加，就表示着消费者可以买更多的可口可乐。这就是收入效应。

工资也存在着替代效应和收入效应。工资的替代效应是指工资的增加，是建立在劳动代替了闲暇的基础上的。因此，随着工资的增加，替代效应使劳动供给增加。另一方面，随着工资增加，物价不变的情况下，人们的收入也会增加，这就是工资增加引起的收入效应。